中國

有之文化

南怀瑾

讲述

北京联合出版公司
Beijing United Publishing Co.,Ltd.

南怀瑾先生，1955 年于台湾省基隆市。
詹阿仁摄影

南怀瑾先生简介

南怀瑾先生，戊午年（1918年）出生，浙江省乐清县（今乐清市）人。幼承庭训，少习诸子百家。浙江国术馆国术训练员专修班第二期毕业，中央陆军军官学校政治研究班第十期修业，金陵大学社会福利行政特别研究部研习。

抗日战争中，投笔从戎，跃马西南，筹边屯垦，曾任大小凉山垦殖公司总经理兼自卫团总指挥。返回成都后，执教于中央陆军军官学校军官教育队。其间，遇禅门大德袁焕仙先生而发明心地，于峨眉山发愿接续中华文化断层，并于大坪寺阅《大藏经》。讲学于云南大学、四川大学等院校。

赴台湾后，任中国文化学院（今中国文化大学）、辅仁大学、政治大学等院校和研究所兼职教授。二十世纪八十年代曾旅美、居港。在台、港及旅美时期，创办东西（文化）精华协会、老古出版社（后改组为老古文化事业股份有限公司）、《人文世界》杂志、《知见》杂志、美国弗吉尼亚州东西文化学院、ICI 香港国际文教基金会，主持十方丛林书院。

在香港期间，曾协调海峡两岸，推动祖国统一大业。关心家乡建设，1990 年泰顺、文成水灾，捐资救患；在温州成立南氏医药科技基金会、农业科技基金会等。又将乐清故居重建，移交地方政府作为老幼文康中心。与浙江省合建金温铁路，造福东南。

继而于内地创办东西精华农科（苏州）有限公司；独资设立吴江太湖文化事业公司、太湖大学堂、吴江太湖国际实验学校；推动兴办武汉外国语学校美加分校；推动在上海兴办南怀瑾研究院（恒南书院）；恢复禅宗曹洞宗祖庭洞山寺；支持中医现代化研究——道生中医四诊仪研制与应用；资助印度佛教复兴运动；捐建太湖之滨老太庙文化广场。

数十年来，为接续中华文化断层心愿讲学不辍，并提倡幼少儿童智力开发，推动中英文经典课余诵读及珠算、心算并重之工作。又因国内学者之促，为黄河断流、南北调水事，倡立参天水利资源工程研考会，做科研工作之先声。其学生自出巨资，用其名义在国内创立光华教育基金会，资助三十多所著名大学，嘉惠师生云云。其他众多利人利民利国之举，难以尽述。

先生生平致力于弘扬中华传统文化，并主张融合东西文化精华，造福人类未来。出版有《论语别裁》《孟子旁通》《原本大学微言》《老子他说》《金刚经说什么》等中文繁简体及外文版著述一百四十余种。且秉持继绝兴亡精神与历史文化责任感，自行出版或推动出版众多历史文化典籍，并藏书精华数万册。

要之：其人一生行迹奇特，常情莫测，有种种称誉，今人犹不尽识其详者。

壬辰年（2012年）仲秋，先生在太湖大学堂辞世，享年九十五岁。

出版说明

　　南怀瑾先生一生致力于传播中国传统文化，他的论述涉及的学问领域之广，作品的影响力之大，在当代都是首屈一指的。南怀瑾先生的作品，素来有深入浅出、通俗易懂的特色，但是毕竟体量宏富，万象森罗，已正式出版的中文简体版作品超过五十种，总字数近千万，且以分门别类的专著为主，因而对于一般读者来说，阅读的门槛和压力还是有的。

　　我们策划这套书的目的，是为广大读者提供一种更轻松、关联性更强的阅读体验，也希望有更多新的读者通过这套书走近南怀瑾先生，走近中国传统文化。

　　为了达到这个目的，我们为每一本书设定了一个主题。每个主题一方面对应着南怀瑾先生作品中的一个重要内容板块，另一方面对应着与读者的关联性。每一本书一般由几个章节构成，每一章聚焦全书主题的一个方面，由几篇文章构成。每篇文章由标题引领一个相对完整和独立的叙述，大部分文章篇幅在三千字左右。每篇文章素材的选择，遵循知识性、趣味性和启发性三个原则。我们力求让每一篇读起来都是"散文"的体验，体量轻小，易于阅读和归纳理解，而篇章之间又组成更大的叙述和主题，让读者有层层渐进、步步深入的体会。

具体到这本《中国有文化》，我们意在呈现南怀瑾先生对于中国文化总体脉络、特色和价值的概述。读者如果想通过一本书来了解他对中国文化的总体看法，现有的著作是不容易办到的。南怀瑾先生对于中国历史文化有很多独到的见解，特别是他亲身经历了中国社会从传统走向现代的几乎全部过程。他在这个过程中不仅完成了对于传统文化的坚守和传播，也完成了对于中国现代化的反思。其实，这种反思已经是一种关于人类文明前途的关照。当我们看到他在二十世纪七八十年代发表的对于当代经济、文化问题的看法依然没有过时，就会明白这种反思的深刻。

第一章《什么是中国文化》。第一个重点是从名称切入，告诉读者"中国文化"这个名词讲起来的时代背景，即东西方文化相遇、中国开始现代化、传统文化面临断层；第二个重点是告诉读者在这个过程中，南怀瑾先生如何选定了自己的初心和志业，即接续和传播传统文化。第二章《三家大脉络》，概述中国思想史的主体儒、道、释，阐述三家的历史脉络、核心观点和影响。第三章《理解中国文化的关键词》，以重要概念为切入点，讲述传统文化中的一些核心价值观。第四章《为什么有家有国，却没有社会》，从古代社会的结构特征来揭示传统的伦理价值和社会组织方式。第五章《中国有没有"经济学"》，把经济社会中最重要的话题放在传统文化的背景中来重新理解。第六章《穿透迷雾的历史眼》，介绍中国传统的历史哲学，启发我们如何读历史，如何理解包括当代史在内的历史。第七章《政治有原则》，介绍中国传统的政治哲学、为政原则。第八章《传统教育的启示》，对比、反思中国古今的教育观。第九章《东西方文化的对照》，通过对比东西方文化的价值观、发展趋势，反思当代人类文明的危机。

南怀瑾先生讲述古代典籍的一大特色就是经史合参，这里的"史"不仅仅是过去的历史，也包括他对当代的观察和反思，而当代也是由过去的历史累积而来的。这样，在南怀瑾先生的讲述中，古代典籍不再是遥远过时的陈旧文句和了不相关的生硬理论，而成为我们理解过去、当下乃至未来的钥匙。

书名中的"文化"不等同于今日人们口中"文化活动""文化界"的"文化"，也不仅仅是指古代的"文史哲"遗产。正如南怀瑾先生在书中所说，中国传统的经济不等于今日的经济，为政不等于今日政治，古今的教育也已经不是一回事，名词内涵差异的背后，是一整套认知方法和价值观的差异。在我们看来，于当代人而言，理解这些差异，就是理解中国传统文化的一大关键。

本书所收的文章，有的来自南怀瑾先生著作中的完整篇章。如《儒家的历史脉络》出自《廿一世纪初的前言后语》一书中《感论中国文化的儒家》；《家：古代社会的基本结构》出自《原本大学微言》一书中《中国文化传统的"家"》，我们只在原文基础上进行了精简、重分段落、重拟标题等。有的文章是从多部作品中摘选、衔接而成，如《男女、五伦与社会》一文，为了说明传统伦理学的基础，分别从《论语别裁》《易经杂说》《中国文化泛言》《列子臆说》等书中选择了相关段落，为了上下衔接，个别语句的顺序、措辞有调整。每一篇文章之后，注明了所选素材的出处。

此书能够出版，承蒙南怀瑾先生嫡孙暨法定继承人温州南品仁先生与南怀瑾文教基金会的信任与支持，特此致谢！

北京磨铁文化集团股份有限公司

南怀瑾系列作品编辑部

目录

第一章

什么是中国文化

我只是中国文化的"白头宫女"

我是老年人，而且我这个老年人，生活在中国历史上一个大变化的一百年里，大家是不会懂的。像我这一生，出生时距离推翻清朝没有几年，接着是五四运动，然后是北伐，世道都在变乱，童年在天下大乱的苦难当中度过。刚刚成长又亲历第二次世界大战，日本侵略中国，全体老百姓都生活在灾难中。接着八年抗战，说是八年，前后加上一共有十几年，那真是家破人亡，这个国家支离破碎。刚刚结束抗战，我们国家内部的党派意识有纷争，又发生内战。此后我几十年避世远行，漂流在外，这样一搞，我一生的时光就没有了，报销了。所以我说我这九十多年是生于忧患，死于忧患，没有一天安定过。

诸位不同呀，从出生到现在最多也不超过六十岁，大部分三十多岁，生长在一个社会安定的时代。我常常说，不要忘记哦，因为诸位不大懂历史，我们从小关注历史，几千年来，中华民族从来没有像这二三十年这样生活安定，你们的运气最好。

我跟诸位生长的时代不同，所以看法有差别，思想有差别，教育有差别，文化也有差别。这个时代的差别，一个老头子希望大家要认识自己的文化，又要与西方科技文化相结合，才能了解如何能得到修养。有修养要干什么？四个字，"安身立命"，身心能平安，看通一切，看明白一切，安身立命。

…………

我们中国文化断层了，这个断层是从五四运动开始的。中国文化到五四运动拦腰砍了一刀，到"文化大革命"再遇一劫。我们几千年的文化遭此重创，是我们全体中国人对不起自己的国家民族，对不起自己的老祖宗，所以我几十年都在为接上文化断层而努力。当年我从峨眉山闭关下来的时候，也考虑自己以后走哪一条路？怎么办？什么路线才能尽我人生的责任？当时只想到郑板桥的一句话："倒不如蓬门僻巷，教几个小小的蒙童。"就是说，回到乡下，找些小学生，教教书，了此一生。

但是我也经常跟同学们讲，我这个人运气不好，这八九十年一百年之间，像国家民族的命运一样"生于忧患，死于忧患"。从十几岁起想做一个普通人，碰到时代的变迁，我说自己经历了六个朝代。前面经过北洋军阀的混乱，接着是北伐的阶段，天下乱了，这个历史你们都知道。那个时候的青年都对救国家、救民族非常热忱，大家都想出来，宁愿牺牲性命也要救这个国家。这个热忱你们不能想象，因为你们没有经过这样的时代，没有处于这个社会环境。

所以年轻的时候学军事，带兵打天下，就碰到了日本人发动侵略战争，抗战八年，我在大后方待了十年。紧接着是两党之争。孔子说"贤者避世"，有学问、有道德的人，避开这个世间社会；"其次避地"，差一点的没有办法就找地方躲开。但是溜到哪里去呢？又不愿意到外国去，最后考虑还是到台湾，毕竟还是中国。这一住，就住了三十六年。两个阶段，寿命已经去了五六十年了。然后发现台湾也有变动，又要避开了。因为没有地方避，所以到美国去，在国外漂泊流浪，在我感觉是流浪。一般人认为到外国多好！在欧美转了一圈发现还是不行，所以避世也非常难。

而且人的因缘也很奇怪，就像辛稼轩的两句词——"此身忘世浑容易"，一个人丢掉了社会世界尽管很容易，"使世相忘却自难"，要社会、国家、朋友们忘记了自己，反而做不到。

"文化大革命"那个时期，我在台湾，有一天夜里写了两首诗：

忧患千千结，山河寸寸心。

谋身与谋国，谁识此时情。

忧患千千结，慈悲片片云。

空王观自在，相对不眠人。

"忧患千千结，山河寸寸心"，满心是忧愁。"谋身与谋国"，个人怎么办？中国怎么乱成这个样子？从推翻清朝到"文化大革命"，我计算一下，年轻的知识分子，很了不起的人才，死的不晓得有几千万，都是为了国家民族。现在想到自己身在台湾，"谋身与谋国，谁识此时情"，那个情绪的变化真的无法言表。

不过，我写这个诗的时候，在自己私人的佛堂，上面供了观音菩萨，一边看着观音菩萨，一边自己在感想。所以第二首"空王观自在"，空王就是佛，面对空王；"相对不眠人"，菩萨永远眼睛睁着，我也担心国家民族怎么办，眼睛也瞪在那里，所以是"相对不眠人"。我现在虽然报告过去的心情，但是现在的心情也是一样的。

改革开放以后到今天，我已经回到大陆来了。回来以后，我首先为浙江修了一条铁路。接着我做的就是倡导儿童读经，恢复中国文化，怎么能把断层接起来。

你们年轻同学们不知道，这样二十多年的升平，在中国历史上是少有的。你们太幸运了，教育也普及了，都读到大专以上，可是你们说我高兴吗？我的心情还是这两首诗上所表达的，"忧患千千结，山河寸寸心"。

开放以后，你们只晓得开放发展，拼命搞建筑发财，每个人都活得很高兴。但是要注意孟子的两句话，"生于忧患，死于安乐"，这就是中国文化。孟子说，国家、个人、社会能够克服种种困难，才能使国家民族兴盛健康起来；如果大家放松了，只向钱看，光搞享受，结果就很可怕。

报纸上写"南怀瑾是国学大师"，我每次看到这个脸红得发黄，红还不够，还发黄，黄了还发青，自己觉得很难过，我算老几呀?！什么都够不上。所以每一次上课演讲我都先说，我今年活到九十岁了，我的一生八个字："一无所成，一无是处"。还国学大师呢！那个"大"字上面多一点吧，"犬"师，狗师差不多！我真的很反对这个过誉的名称。

我比方自己是什么呢？唐人有一首诗，写一个宫女，我不过是中国文化的"白头宫女在，闲坐说玄宗"啊！我不是大师，也不是国学家，什么都不是，只是从小喜欢研究自己的文化，研究人类的文化。不过年纪活大了一点，人活大了好像也有好处，大家就给你戴高帽子了，因为怕冷嘛！帽子就太多了。

唐人有首诗怎么说呢？

竟日残莺伴妾啼，开帘只见草萋萋。

庭前偶有东风入，杨柳千条尽向西。

"竟日残莺伴妾啼"，这个宫女进了宫以后，皇帝前面漂亮人很多呀，进了宫里也许跟皇帝有了一次关系，或者半次关系，住在宫里几十年，就老死在那里了。这个宫女在皇宫里头，"竟日"，一天到晚，什么是"对象"呢？一只鸟！天天对着院子，"竟日残莺"，老的黄鹂，"伴妾啼"，她在哭，它也在叫。"开帘只见草萋萋"，打开窗子门帘前面都是草。"庭前偶有东风入"，入了宫的宫女，跟皇帝有了一次关系，也封了妃子什么啊，没有用，一年三百六十天不晓得他哪一天想起来找一下，庭前不要说没有看到人，鬼都看不到。"庭前偶有东风入"，你注意这个"偶"，偶然，或者皇帝经过门口，在门口看一下，啊，你都好吧？他又到别一家去了。"杨柳千条尽向西"，我非常欣赏这一句话，形容我自己的一生到九十岁，全世界、全中国的人都向西方文化学习，学外文去了。所以我自比，这一首诗形容我的一生。

我觉得，我的一生就是这一首诗。玩了几十年，现在你们大家叫我国学大师，我可做了"白头宫女"。全中国人喜欢搞西方的东西，谁来搞中国的呢？"庭前偶有东风入"啊！是代表自己的了。可是呢，全社会"杨柳千条尽向西"！

我从小到现在，感觉到中国文化是个大问题，尤其是现在，文化没有根了，所以我提倡重新读书。在我的观念里头，现在三四十岁的人都没有希望了，文化要靠新的一代才行。如何建立中国文化跟人类的文化合流，开展人类未来的前途，是一件极为重要的事。在我的观念里，中国未来的前途关系人类的前途。

（选自《廿一世纪初的前言后语》《小言黄帝内经与生命科学》
《漫谈中国文化》《南怀瑾讲演录：2004—2006》）

"汉学"的启示

大家都讲中国文化，甚至讲我们中国文化的特色。中国文化的特色是什么？我们能不能用一两句话，最多三四句话把它答复清楚呢？几乎很难。因为前提没有一个定论。

"中国文化"是什么？这个名称是怎么来的？这是最新来的哦。人民大学用的不是这个，而是"国学"。国学是几时来的？又是个问题。什么是国学？当然，我们严格以逻辑来讲，每一个国家自己的文化都可以称为国学，美国的国学、英国的国学、日本的国学、中国的国学。那么，我们中国的国学是什么东西？又是个问题，同中国文化问题一样。

另外一个问题，国学连带有一个旧的名称，叫作"国粹"。"国粹"是梁启超他们搞出来的，这个名字用了一下已经不用了。

还有个名称，有很严重的问题，我们常常讲自己的文化是"汉学"。"汉学"是外国人叫的。真正在中国文化的内涵里，早就有"汉学"这个名称。这是指汉代的学术研究，汉代人研究经、史、名物、训诂、考据之学。"汉学"并不代表中国文化。

为什么汉代人研究这个呢？秦始皇以后，同我们这一代一样，文化被破坏了。大家都知道秦始皇焚书坑儒，把书烧了，把读书人埋了，不过这个罪过不要给人家加得太大。秦始皇是做过这个事，但是你研究历史，我说这也不全是秦始皇干的，是他的干爹吕不韦、宰相李斯一起干的，秦始皇年轻啊！他没有把全国的知识分子杀掉，也没有把全国的书烧掉，他把全国的书集中到首都咸阳，学术加以清理，民间不准流传。

我们现在读书有"博士"，他那个时候成立"博士官"，"博士"这个名称就是从那个时代开始的。汉朝也有"博士"，那是根据秦代的称呼。"博士"就是专家的意思，通一经一论。我们中国人一听"博士"，好像什么学问都懂。不是的，在秦、汉开始是称专家，成立了"博士"。

那么，秦始皇召集这些博士讨论学问，谈论对时代政治的意见。中国人开会，外国人开会也差不多，中国人更严重，开会时："诸位委员还有什么意见吗？哦，没有一个人说话，散会！"出了门就说："不行的啦！""那刚才怎么不讲呢？""不好意思嘛！"中国的民主所以搞不好，就是因为当场乖乖的，背后意见多得不得了。史书上讲秦始皇几次叫博士们开会研究，征求意见，大家没有话讲。开会以后，出来"腹诽"，肚子里讲话，一肚子意见，下来乱讲，诽谤了。秦始皇一气，就杀了他，讨厌嘛，请教你不讲，背后去捣乱！所以秦始皇的焚书坑儒，好像把中国文化搞没有了，其实并不是这样。

真正破坏文化的是项羽，他老兄二十几岁做全国的统帅，一战成功，自称西楚霸王。看到咸阳宫那么大的建筑，看到这些图书（秦始皇把全国的图书集中在咸阳），一把火把它烧了！这个罪过不是秦始皇，是项羽干的事。

这个时候，中国文化断层了！所有图书在咸阳被项羽一把火烧了。中国读书人不是全体死完了，民间虽然还有很多，但是等汉高祖出来，我们的文化还是断层的。

从秦到汉这一段的社会经济贫穷痛苦，汉文帝上台，用道家老子哲学四个字"休养生息"发展经济，丰衣足食，让老百姓有饭吃。古文"休养生息"四个字，拿现在写经济学大概一大堆，各种理论都出来了，出版社都来不及出版。所以你要研究国学，读书要注意，读外国书也好，中国书也好，中国人讲读书，要顶门这里有一只眼睛，智慧之眼，把历史看通，把书看穿。

汉文帝上来，休养生息，乃至自己提倡俭省。历史上讲他穿一件皇帝袍子，穿了二十年，还补过，走道家哲学的路，非常俭省。反照我们这个时代，大家都在浪费。这就是历史要借鉴的，读古书、学国学要注意这个地方。

汉文帝那时没有恢复文化，到他儿子才开始的。他走的是"休养生息"，道家的思想，安定第一，和平发展第一，充实国家。其实汉文帝做皇帝只有二十几岁，而且他自己写信给南越王赵佗。当时长江以南的势力，他的政治力量几乎还没有达到，北方又有匈奴，西北地区、东面朝鲜一带也有问题啊，还谈不上日本。文帝很痛苦的，二十几岁的皇帝，把这个天下安定下来。

汉武帝一上来，改变了祖父的政策，不走道家"休养生息"，而是扩展势力。并不是汉武帝不对，因为时代不同了，演变到这个时候，不能不改变，因为受不了南面有问题，北面有匈奴问题，西北也有问题。国家经他祖父跟父亲三四十年的充实，社会安定，经济充实了，足够有力量向西北发展。这样，汉武帝时期才开始恢复中国文化，开始注重儒家、孔孟之道。

这一阶段就像我们这一代一样，从推翻清朝、推翻了中国旧文化以后到现在，九十六年（本篇演讲时间是2007年）。我们看看这一段历史，从推翻秦始皇以后，由汉朝建立，到汉武帝恢复中国文化，我们拿历史来做对照，是经过了七八十年以后才恢复中国文化。

所谓"汉学"，是这个时候的学问，叫"汉学"，不叫"国学"。为什么讲汉学呢？当时恢复的中国文化，包括四书五经，包括每一个字为什么这样写、这个字是什么意思。譬如"中"，为什么这样一个圈圈一竖叫作"中"？要研究，就要看汉学的研究。一个"中"字，拿到我们现在，要几万字的研究文章。实际上这个"中"字很简单，世界上就是天下一圈，我夹在中间。可是这个文字的内容就很多了，这叫研究中国文字的来源，从上古到现在的发展。

研究汉学，把文字学叫"小学"；一个文字的注解是什么呢，这叫训诂。

清朝末期西方人，德国、法国、英国人，研究我们中国文字，先从汉学入手，他们很扎实的。我们中国人不懂这个道理，在外国问你是学什么的，你说研究汉学，意思是讲自己在研究中国文化，这两个名称是"似是而非"，牛头不对马嘴！大家明白了吧？汉学是这样一个意思。现在我们中国人讲自己文化是"汉学"，看了令人非常非常地遗憾。

（选自《漫谈中国文化》）

"中国文化"是怎么讲起来的

"中国文化"是怎么讲起来的？是最近几十年讲起来的。"国学"是推翻清朝以后开始的，从二十世纪初期到现在。我说中国文化给"五四"拦腰砍了一刀，后面就不讲了，拦腰砍断还有个根，给人家又把根挖掉了。现在我们要恢复文化，重新追根，重新来！

"中国文化"这个名词是最近起来的,是对应"外国文化"而言。所以说要了解世界上的四大古国文化——中国文化、印度文化、埃及文化、希腊文化。我们现在讲西方文化，美国人、英国人，他们自己说是从希腊文化系统下来的。我在美国常常笑他们，你们从希腊文化系统下来？用上海话说是"勿搭界啦"，搭不上的，瓜棚搭在柳树上。你们美国立国不到三百年，而且当时新大陆开始，你们都是各国没有饭吃的跑到这里，发展新大陆田地，没有文化的。今天你就能代表西方文化了吗？西方文化要从拉丁文、希伯来文讲起，不是英文就是了。

说到西方文化，有一个经典要注意，《摩西出埃及记》。西方文化是天主教、基督教的天下，不像中国有儒家、道家。摩西出埃及，诸位同学晓得是什么时代吗？比周朝还早，商朝的时代。摩西出埃及，就有关于现在以色列、耶路撒冷这些问题了。摩西先建立"摩西十诫"，西方文化以"十诫"为基础，以宗教为基础，"十诫"也可以讲是宗教的戒条哦，一直影响了整个西方文化，注重契约行为。因为注重契约行为，而注重民选，民主选举是从这个发展而来的。我今天特别给大家提出来。契约行为构成了西方宗教行为、法律行为、民主行为。

中国文化不然，开始就像一朵花一样，长出来是自由的。所以真讲中国，从上古以来就是自由民主，与西方的自由民主不同。道家讲道德，儒家讲仁义。它不像"摩西十诫"，不是戒条，而是做人的行为目标，从普通人的行为道德到追究生命最根本的问题，从政治文化的基本到最高理想，从普通生活到哲学、科学、宗教合一，探究宇宙生命的根本问题，都有目标和方法，与西方文化大不相同。

那么，能否把科技、物质的是否发达，是否挨打，作为文化先进或落后的标准呢？这样问好像比较难思考。打个比方说吧，一个人会赚钱，或者知识、技术、才能很多，这个人就必定会做人做事吗？就必定有智慧吗？就必定人格健全、品质高尚吗？恐怕不一定，而且非常不一定，对吧？因为根本不是一个逻辑，上海话"勿搭界啦"。你硬把它穿凿附会在一起，那是个情绪化的观念。但是，中国乃至全世界两百年来都在这个心理情绪中，理论还多得不得了。

再譬如说，我们历史上没有特别提倡发展科技、物质，而是有深意地控制它的发展，乃至中国即使发达过那么长的历史，也从没有侵略过人家，能否因此而推论中国人就是傻瓜，文化就落后，政治就腐朽？这也是逻辑不通的，"勿搭界啦"。可是一两百年来，都在这个范围里闹，可见人类的智慧水平永远年轻。

那么，一两百年前，中国人被强盗们打昏了头，所谓胜者王侯败者寇，彻底怀疑自己的情绪，终于演变成了政治和文化内乱，一乱上百年。搞不清也来不及搞清自己的文化，更搞不清西方文化，就莫名其妙地"杨柳千条尽向西"了！

反过来，西方人更不懂中国，他们怎么讲，中国人就跟着随声附和，简直是笑话！这个里头，检讨起来问题很大、很多。将来的历史怎样评价这一两百年的中国乃至全世界的文化，还不知道。

（选自《漫谈中国文化》）

文字是打开文化宝库的钥匙

文化的基础是什么？我的定义是言语、文字、思想（思维方式）、生活习俗，这四个要素的构成就是文化。至于政治、教育、军事、艺术、文学等，那是后面的事。如照孔子当时的分科，它是以德行、言语、政事、文学四方面来概括人文文化。

比如说文字，中国秦朝第一功劳是统一了中国文字。春秋战国以前是书不同文，各地的文字，河南、山东的，南方、北方的文字，不统一，不方便交流。言语更不统一。车不同轨，两个车轮的间距不同，路上的车辙就不同，不方便交通。文字的统一，从春秋战国期间已经开始，到秦朝正式统一了。

中国人非常伟大，这个文字统一影响了整个的亚洲，影响了朝鲜、韩国、越南乃至东南亚各国到日本，统统是汉文化的天下。可见文字统一影响的重要！

当年一个哈佛大学教授问我："我问你一个问题，历史上一个国家民族亡掉，是不是永远不会翻身？"我说："不错，你们西方历史是这样。""那对不起，我请问你们中国，几次亡国几次什么，这个国家永远存在，理由是什么？"我说："那你西方人不懂，统一！"他说："什么叫统一啊？"我说："文化的统一，文字的统一。"他听了愣了："嗯，有道理。"我说，你看整个的欧洲，到现在德文、法文、西班牙文，各种文还是不同的。英文字，你说英文明明是 Yes，到了美国不叫 Yes，叫 Yeah 了。你们大家说自己"我在学英文"，我说你们还有资格学英文啊？一百年以前的英文你就看不懂了。可中国文字几千年都是这样的。

言语统一，也是大问题。文字下面就是言语，言语统一是靠这一代！我们全国的言语到现在还没完全统一，这两三千年文字统一了，言语现在才开始统一。

中国文化都在古文里头，古文都是繁体字。那么，这个繁体字有什么好处呢？我们先要了解一个问题。人类的言语，以前三十年一变，中国人、外国人都一样。现在不同，我发现社会上的言语已经十二年一变。

我讲一个很小的事情给你们听。过去我们受的教育，老师是坐着讲的，学生是站在前面听的。背书就要当面背出来，不要书本的哦！不但要背出来，还要默写出来，中文英文都是一个教育方法。所以上课时候如果要上厕所，向老师报告，以前我们不叫老师，叫"先生"，先生就是老师，老师是这几十年叫惯了的。"先生！"老师戴个眼镜问："做什么啊？""嘿嘿，要出恭。"出恭就是大便的时候，蹲在那里，两个手那么拱起来，所以叫出恭了。

后来长大一点，推翻清朝以后民国初年流行的，不叫出恭，叫"解手"。"解手"两个字是什么意思啊？据说，当年张献忠杀人的时候，把老百姓绑起来，一串走在路上要大便了，说："请你解个手嘛，把手放开。"管犯人的人说："你要哪一种啊？"小便，解一只手，叫"小解"；大便，两只手都要解开，叫"大解"。所以叫"解手"。

然后，外国文化来了，上厕所，叫"WC"，又一变了。等到我们到了台湾以后，慢慢又变了，我的孩子们从学校读书回来，他说他要上"一号"。我说，什么叫一号啊？他说一号现在是厕所。哦！这一号是厕所。那么，二号呢？我以为一号是大便，二号就是小便喽！我的孩子说，你错了，完全落伍了，二号是福利社，一号是厕所。

现在又变了，叫什么？不知道。你看，小小的言语，那么多转变。言语文字是跟着时代的转化在变。

人类的语言文字，不管英文、法文、德文、日文，随便你什么文字，释迦牟尼说过一句话——言语文字，不能代表人的意思思想。所以任何一种言语，任何一种文字，没有办法表达人的真正思想和情绪，如果言语文字可以完全表达人的思想情绪，人与人之间就没有误会了。你看夫妻之间也好，朋友之间也好，往往因一句话发生很大的误会，就是因为言语不足以代表真正的意思精神。

那么中国字呢，就不同喽！跟世界上的文字都不同。中国字是方块字，有"六书"等六种结构或使用方法。小学就懂得六书，譬如"天"字为什么这样写？过去拆字，一叫作一划分天地，就是说，以科学哲学的道理，这个宇宙天地是个完整的，不能分开。我们人类创始文字，拿一划分开了，叫"一划分天地"。一的上面一竖，点一点，叫"上"字，这叫"形而上"，就是说，看不见的天。一的下面，如果下来点一点，叫作"下"，这个里头讲起来很有趣。中国的文字，之所以讲六书，是因为实际上开始都是图案。

为什么变成这个文字呢？因为我们祖先，晓得人类的语言，三十年一变，如果用白话文把古文记下来，到现在五千年，这个书是没有办法读了！所以把语、文分开，把语言变成一种文字。因此，我们五千年的文化，用古文保留下来，只要学两年的工夫，一个孩子学通了中国文字，就是"上下五千年，纵横十万里"，这个文化一下就懂了。

所以，文字是独立的。像我们中国字是方块字，合起来，在《康熙字典》里面，大概接近五万个字。但是一个中国人，如果方块字认得有两千五百个的话，哦哟！这个学问是非常大的喽！大学教授教语文，教国文，还认不到一千五百个字呢。

我常常同外国朋友讲，我们和你不同啊，你们英文字到现在有五十多万哪！平常用到的是一万多字。你们文化和我们不同在这里，但是你们不晓得啊！

我们中国人有个"电"字，发明了一个灯，叫"电灯"；椅子有电，叫"电椅"；讲话，有"电话"；能看到的，是"电视"。很简单！他们不同，每发明一个东西就要创造一个词，统计起来很多很多。

中国文字为什么是单字来的呢？这就是中原文化。以山西、河南，尤其是河南为标准，中国的中心地带是河洛文化。这个阶段文字的建立是非常重要的。

中国古人晓得言语一二十年就变动很大，因此把言语变成文字，我们现在叫它是古文，其实不是古文。古人把文字变成个系统，一万年以后读了这个书，跟一万年以前的人交流对话，没有空间、时间的距离，这就是中国文字！

这个伟大的文化宝库，保留了几千年多少中国人的智慧、经验、心血啊！而且古人写书是用毕生的心血写的，留给后人做个参考，非常小心谨慎。哪像现在人随便写书，东拉西扯就是一本书，有一点小心得就吹得不得了，当成真理了。现在人随便批评中国文化，请问你读过几本古书？就算你读过，你读懂了吗？而且那几本书就代表中国文化了吗？笑话！西方文化你也不懂，留学几年就懂了吗？你只看到皮毛的一点点而已，回来就说西方如何如何，也是笑话。英文是两次工业革命以后才流行的，你要研究以前的西方文化，还要研究拉丁文或希伯来文。

所以说文字重要！你们学国学第一要注意这个！这是中国文化宝库的钥匙！钥匙找不回来，不要谈宝贝了！对音韵"小学"不通，国学怎么学啊？如果以我的经验劝你们，像我读书的经验，老实讲，我文武的老师很多，但真影响我的没有几个，真影响我的还是《康熙字典》《辞海》，就靠自己尽量地研究。你们读书，要拿出这个精神来研究。

（选自《漫谈中国文化》《南怀瑾讲演录：2004—2006》）

人文是中国文化的重点

　　要研究中国文化，孔子所编的《礼记》是不能不看的。它是我国传统文化初期包罗万象的著作。以现代学术来讲，包括了哲学、政治、军事、经济、卫生、医学等各方面的学问。当然，是原则，不像现在分得那么细。所以《礼记》这部书，并不是只讲礼貌，我们的礼节礼貌，只是礼的一种表现而已。

　　中国文化的"礼"字，拿西方文化来讲，就是哲学。哲学大致可分两个范围，以中国道理来讲，一个是形而上的，一个是形而下的。所谓形而下的，是宇宙万有的一切学问，都包括在内；形而上的，在中国人叫作"道"，在儒家思想叫作"天"，"天道"也就是"本体论"。形而下的，在西方哲学，就是"知识论""人生的价值论"。西方哲学大概是这样分类的。"形而上"这个名称，来自《易经》，日本人翻译希腊哲学时，借用了《易经》上孔子所说的这个短语——"形而上者谓之道"。

　　什么是"形而上"？就是宇宙来源的问题——先有鸡还

是先有蛋？先有男或是先有女？究竟这个宇宙万有是谁创造的？宗教家说是一位主宰创造的，哲学家就问这个主宰是从哪里来的？创造主宰的又是谁？假使创造主宰的是主宰的妈妈，那么主宰的外婆又是谁？哲学家是一路追到底的。讨论这形而上的道，就是"本体论"。"形而下"是讲宇宙万有形成以后的各种现象和各种知识。西方"本体论"的探讨，最早发源于希腊，也已经两三千年了。当时大概又分作两派：一派是唯物思想，一派是唯心思想。这个唯心与中国固有文化所讲的唯心，又不相同。讲到哲学，这个基本上的思想来源问题，首先要认识清楚，以免混淆。

后来哲学家认为，人为什么会知道宇宙的来源？是靠知识来的，靠思想来的。那么，思想的本身是不是靠得住？就先要研究了。于是产生了知识论。假使思想的本身都靠不住，那么用思想所了解的"宇宙的本来"，也是不完整的。这就是哲学的范围了。一直经历了上下几千年的这一学术，中国人根据日本人的翻译，叫它为"哲学"。

另外一部分是"人生哲学"——研究人的价值问题。

在西方哲学家看来，中国人没有哲学，至少过去中国没有像西方人一样，追究宇宙的本体。像我们现在看到的，西方文化这个系统是很严谨的，他们的哲学思想最初是宗教，宗教只教人信，而且是专制强权，绝不容许你怀疑。你想知道上帝怎么来的，但是你不能问，只要"信"就得救。哲学家说，你要我信可以，不过你要把那个幕拉开给我看看，我看到了以后，绝对信！这是哲学精神。

后来，因为哲学的发展，又形成了科学，科学家更进一步说，光看一下还是不行，我要摸到以后，我才相信的确有这个东西。所以由宗教而哲学，而科学，是今日西方文化发展的步骤。

中国人真的没有哲学吗？有！所有哲学是"人生哲学"。只讲做人伦理的道德，讲做人应该怎样。西方人认为我们没有哲学，过去我国的一些学者也跟着人家这样讲，是不对的。事实上，中国哲学思想，都包括在《礼记》《易经》等书里面，而且最多了，不过需要大家努力整理。我国学者，在这几十年来，所整理出来的哲学思想，还是不够的，太不够了！而且有所偏。这还要我们自己温故而知新，多向这方面努力。

十年前，有一位外国的神父来和我研究中国宗教思想问题，他说中国人没有宗教信仰。我说中国绝对有宗教信仰。第一个是礼，第二个是诗。不像西方人将宗教错解成为"信我得救，不信我不得救"的狭义观念。我说这一点的误解，使我绝对不能信服，因为他非常自私嘛！对他好才救，对他不好便不救。成吗？一个教主，应该是信我的要救，不信我的更要救，这才是宗教的精神，也就是中国文化的精神。

其次，谈到中国"诗的精神"，所谓诗的文学境界，就是宗教的境界。所以懂了诗的人，纵使有一肚子的难过，有时候哼呀哈呀地念一首诗，或者作一首诗，便可自我安慰，心灵得到平安，那真是像给上帝来个见证。

第三个是中国信多神教，这代表了中国的大度宽容。出了一个老子，还是由东汉、北魏到唐代才被后人捧出来当上个教主——老子自己绝对没有想过要当教主。孔学后来被称为孔教，是明朝以后才捧的，孔子也不想当教主。总之，世界上的教主，自己开始都不想当教主，如果说为了想当教主而当上教主的话，这个教主就有点问题，实在难以教人心服。因为宗教的热忱是无所求，所以他伟大，所以他当了教主。我们中国，除了老子成为教主以外，孔子的儒家该不该把它称为宗教，还是一个问题。但是中国人的宗教，多是外来的，佛教是从印度过来的，天主教、基督教也是外来的。我们中国人从古至今对于任何宗教都不反对，这也只有中华民族才有如此的雍容大度。

以宗教思想来说，中国人信仰的是多神教，什么神都信。卫国的权臣王孙贾有一天对孔子说出："与其媚于奥，宁媚于灶。"为什么他们拜灶神？如果以政治哲学的思想来讲，"民以食为天"，这是管子讲的名言。因为饮食最值得重视，值得注意，所以拜灶神。"奥"是古代的家神，代表中国政治组织的理想。家里有家长，就有家神。

王孙贾问孔子奥与灶的问题，是非常幽默的，他的意思是告诉孔子：你老是跟诸侯往来，我们这些士大夫如不在君王面前替你讲几句好话，是没有用的呀！你拜访了诸侯，还是该来向我们烧烧香。孔子却做正面的答法："不然。获罪于天，无所祷也。"这就是中国人宗教思想的精神。他说一个人真的做坏人、做坏事，怎样祷告都没有用，任何菩萨都不能保佑你。所谓自助天助，神是建立在自己的心中。换句话说，人有人格，尤其要在心理上建立起人格，不靠外来的庇护。

从上面的话也可知道，由周代开始的文化，和孔子的教化，始终走人文文化的路线。所以孔子又说："周监于二代，郁郁乎文哉！吾从周。"这就是中国夏、商、周三个朝代文化的演变：夏尚忠，殷尚质（鬼），周尚文。夏的文化偏重于忠诚、朴实。殷商的文化仍是重质朴，但是宗教观念很强。周代文化呢？我们今天讲孔孟思想中的中国文化，就是周代文化，重在人文文化。孔子在此自称他的文化思想，是承先启后，发扬周代的文化精神。孔子认为只有人文文化这个路线是完全正确的。

我们有五千多年的历史，谈到人文文化，是靠经验而来的，尤其中国历史，多少失败，多少破碎，一直到现在，才完成了这个文化系统。

孔子对于时代风气的衰变非常忧虑，所谓忧国忧民，他忧的是什么？子曰："德之不修，学之不讲，闻义不能徙，不善不能改，是吾忧也。"就此四项的内涵，已足以陈述孔子当时忧天下、忧国家、忧民族、忧文化衰颓变乱的心情。这种心情，到了现在，又压在我们的心头。孔子说，那个时代不得了，一般人不讲修养自己的品德；只讲现实，不讲求真正的学问。

正像这个时代，尽管教育普及，可是人们都不喜欢读书，甚至连买书都不愿意。现在的背书，并不是以所背诵的书成为自己的学问，而是作临时应付考试之用，偶然也启发了许多似是而非的思想，知道了很多的知识。过去是读书，现在是看书，看过就行了，其实不深入。

知识不一定就能成为学问。最可怕的是，听到了义之所在，自己也知道这道理是对的，只是自己的劣根性改变不了，明明知道自己走的路线不对，又不肯改。为什么不能改？时代环境的风气，外在的压力，自己又下不了决心，所以只好因循下去。孔子说的他担忧的四点，也是每一个人和任何一个历史时代的通病。尤其碰到衰乱的世局，任何一个国家、社会，都可能有这四种现象出现，由此可见他的心情，所以说孔子是淑世、救世主义者。

一个民族，一个国家，不怕亡国，因为亡国可以复国，最怕是把自己文化的根挖断了，就会陷于万劫不复。这里所记孔子的感慨，也就是担忧人文文化迷失了的后果。我们再看古今中外的历史，一旦国家文化亡了，即使形态存在，但已动摇了根本，难以翻身，这是一定的。犹太人虽然亡了国，他立国的文化精神，始终建立在每一代犹太子民的心目中。文化看起来是空洞的，但它是一个国家民族的历史命脉，孔子在这里不谈国家政治而谈人文文化，实际上这正是民族历史的重点。国家天下，尽在其中。

另外一个观点，我们中国文化里，宋代大儒张载——横渠先生说的："为天地立心，为生民立命，为往圣继绝学，为万世开太平。"这四句名言已成为宋代以后，中国知识分子共同的目标。学者为这目的而学，应该如此。谈到这位先生，是孔孟以后的儒家，宋明理学家中，影响力很大的一位。尤其他所标榜的那四句话，非常深远。今天我们要谈中国文化的中心思想，可以拿他这四句话为主。我们如果以这四句话来研究，学者又应该是为人，不只为自己求学，同时也为人求学。这个"人"扩而充之，为国家、为社会、为整个人类文化。

（选自《论语别裁》）

如何看待文化的"废兴存亡"

我们研究历史哲学，要特别注意"废兴存亡"这四个字。中国文化经常用四个字连贯，譬如"循环往复"，譬如佛家的"生老病死"，都是四个字。这些观念，都是从《易经》阴阳生四象的观念来的，是四个现象。宇宙间本有两个现象，动静、是非、善恶、好坏、明暗，都是相对的。这是形而下的宇宙一切相对的动态；再分化就有四个现象，所以叫四象。它的代号叫作阴阳，就是太阴、太阳、少阴、少阳这四个现象，所以先讲这四个字的来源。

历史有"废兴存亡"，但是超过了这四个字呢？那就是文化的力量了。整个的宇宙，历史的生命是永恒的存在，"废兴存亡"只是四个现象而已。譬如现代大家非常担心中国文化的问题，你们放心，文化目前不是"存亡"的问题，现在只不过是"废兴"的问题，是一半倒霉的时候，不是断绝的时候。所以"废兴存亡"四个现象，仔细研究起来，意义绝对不同。

当一个时代，或者是一个国家政权倒霉的时候，衰败一点是"废"；但是它会复"兴"，历史的记载也是这样。至于谈到"存亡"就非常严重了，我们举例来说，《论语》中孔子提到过，他说一般落后地区，没有文化的，但是也有文明。文明跟文化这两个观念不同。孔子说文化落后地区的文明，还不如亡了之后的夏朝；夏朝虽然亡了，但它的文化永远千秋存在。像我们中国人，到现在沿用的，很多都是夏朝的文化，譬如过阴历年，这是夏朝的文化；过清明等，是夏朝跟周朝联合起来的文化。因为夏朝以阴历的正月为正月，周朝是以我们阴历的十一月当正月，商朝是以我们阴历的十二月当正月。我们现在还喜欢过阴历年，这是几千年文化的根，变不了的。

所以我经常说，看文化的"废兴存亡"，就可以看到文化的力量。研究起来，科学哲学的问题就很大了。譬如我讲到《易经》的文化，中国人过年门口贴一个"三阳开泰"。很多年前在台湾，《易经》没有太提倡的时候，有人写成"三羊开太"，好像吃火锅，要太太来开似的。

"三阳开泰"是怎么来的呢？那是八卦，是一画一画来做代表的，也与二十四节气有关。阴历的十一月就是子月，子月有一个节气叫作"冬至"，冬至一阳生，画卦是一个阳爻，就是地球吸收了太阳的热能，到了地心，地面上很冷，地心里开始有一个热的阳了，所以冬至后井水是温热的。到了十二月是二阳生，到了正月就三阳生，所以叫作三阳开泰。

为什么叫泰卦呢？上面是三个阴爻，代表是坤卦，坤是地；下面这三笔阳爻，代表天，是地天卦。这个卦名叫地天泰，所以正月是三阳开泰。到了二月，阳能从地气又上升，这个卦又变了，叫作雷天大壮。我们介绍这个是说明夏朝文化的存在，所以说，文化是超越了"废兴存亡"的范围。

讲到"废兴存亡"四个字，我们看中华民族几千年的历史，它所有的阶段，拿佛学的名词来讲，只不过是分段生死，也就是"废兴存亡"而已；而这个民族的文化是永恒不断、绵绵不绝的。所以我们要由这个精神去了解自己的文化、自己的历史。尤其是青年同学们注意，这个时代正是"废兴存亡"的关键，只是年轻人挑不起这个"废兴存亡"的担子，但是也不可被历史的演变压倒而失去信心。

刚才我来上课前，正好看到菲律宾的侨领在电视台讲，过去华侨在外面以中文为主，现在因为英文流行了，年轻的学生对中文都不重视了。这是个大问题，当时我就有一个感想，重视不重视是看我们自己民族站不站得起来，中华民族真站得起来，照样会受重视。这也是"废兴存亡"的问题，不要因偶然一段的悲哀，自己就垮下去了，这不是我们的精神。所以关于"废兴存亡"的问题，一定要认识清楚。

（选自《孟子与离娄》）

第二章

三家大脉络

三家店卖的是什么

过去把儒家、道家、诸子百家分开了是错误的。如果有人问你什么是中国文化？你告诉他：是"道"。"道"是什么？包括很多，包括儒家、道家在内的诸子百家，以及后来的佛学等，总体一个观念，称为"道"。

中国文化的演变发展，大致分两大段。譬如一提起秦、汉以前的中国文化，人们就拿孔孟思想代表了一切。其实所谓孔孟思想，只是中国文化中间主要的一环。另外还有道家、墨家在内的诸子百家……很多很多，都是中国文化一个系统下来的。如果把它缩小范围，则有儒、墨、道主要的三家。

孔孟思想，本来与道家是不分家的，这种分家是秦、汉以后的事。到了唐代，讲中国文化，已不是儒、墨、道三家，而是儒、释、道三家了。"释"就是印度来的佛学，代表整个印度文化的精华。它从东汉末年开始传入中国，一直到宋代。宋朝以后，印度本身已没有真正的佛学，而被阿拉伯民族的伊斯兰教思想及婆罗门教思想等所占据，佛学思想在印度式微了。

　　唐宋以后的中国文化，要讲儒、释、道三家，也就变成三个大店了。

　　佛学像百货店，里面百货杂陈，样样俱全，有钱有时间，就可去逛逛。逛了买东西也可，不买东西也可，根本不去逛也可以，但是社会需要它。

　　道家则像药店，不生病可以不去，生了病则非去不可。生病就好比变乱时期，要想拨乱反正，就非研究道家不可。道家思想，包括了兵家、纵横家的思想，乃至天文、地理、医药等无所不包。所以一个国家民族生病，非去这个药店不可。

　　儒家的孔孟思想则是粮食店，是天天要吃的。五四运动的时候，药店不打，百货店也不打，偏要把粮食店打倒。打倒了粮食店，我们中国人不吃饭，只吃洋面包，这是我们不习惯的，吃久了胃会出毛病的。要深切了解中国文化历史的演变，不但要了解何以今天会如此，还要知道将来怎么办，这都是当前很重要的问题。

　　老子、孔子、释迦牟尼，这三位都是我们的根本上师，根本的大老师，但是三家的文化各有偏重。佛家是从心理入手，达到形而上道。据我的知识范围，世界上任何宗教哲学没有跳过如来的手心。当然我的知识并不一定是对的。道家的思想偏重于从物理及生理入手，而进入形而上道。那么我们也可以说，讲物理、生理入手的修持方法，任何一家无法跳过道家的范围，跳不过太上老君的八卦炉。儒家则偏重从伦理、人文、道德入手，而进入形而上道。

所以我说，今后的中国文化，要学儒家的品性，我们做人做事不能不学儒家的道理。儒家就等于佛家大乘菩萨道的律宗，讲究戒律，所以儒家非常注重行为。除了学儒家的品性，还要参佛家的理性，你要想明心见性，直接领悟成道，非走佛家的路线不可，否则不会有高的成就。同时还要配合道家做功夫的法则，不管密宗、显教，都跳不出这个范围。但是道家的学问不止修道这一方面。中国历史有一个奥秘之处，每逢天下变乱的时候，出来救世，所谓拨乱反正的，一定都是道家的人物。等天下太平了，他们多半走老子的路线，功成身退，天之道也，隐姓埋名，什么都不要。等到盛平的时候，又都是儒家人物出面。这是我们中国历史非常重要的关键，身为中国人，这个历史关键是应该知道的。

其实，几个有名的圣哲之教，都是针对医治人性恶习的药方。因为我们的民族性，存在不仁、不义、不忠、不孝、无信、无耻的老毛病，所以以孔子为代表的儒家，开了"仁、义、忠、孝、礼、智、信"等药方。老子开的是"慈、俭、不敢为天下先"三味偏方，也可治百病的。印度人历来存在阶级仇视，所以释迦牟尼开了"平等、慈悲"两味大药。两千多年前的西方风气，太过自私狭隘，又加粗暴，所以耶稣开了"博爱"一味单方。

　　不过，现代人看不起老古方，拼命要向唯钱主义，去买新发明的西药吃，实在不知道那些化学剂品的药，今天说对，明天又说不对，恐怕不一定靠得住吧！小心为妙啊！人性，有善恶兼具的根底，去恶为善是健康的人生，蔽善从恶便是病态的人生。可惜人们喜欢以病为乐，因此造成人类史，是一部病理学医案史。所以中西的圣哲们，也只好永远担任医疗的护理工作了。

　　　　（选自《南怀瑾讲演录：2004—2006》《论语别裁》
　　　　《我说参同契》《原本大学微言》）

儒家的历史脉络

　　常常有人问我，儒家就是中国文化的中坚代表吗？我往往瞠目不知所对。因为我性喜博览，但不能由博而约，专攻一技一艺之学，故而至今一无所长、一无所成，所以不算是中国读书人中的知识分子。只是因缘际会，在偶然需要时，讲过《论语》《孟子》《大学》《中庸》等孔孟学说，因此被人误认我通儒学；就像我生平喜欢说禅讲佛，别人就误认为我也通达佛学。事实上，我既不通儒，更不知佛，当然也不明道，只如韩非子所说的南郭处士，滥竽充数罢了。所以我的书，只称得上"他山之石，可以攻玉"，聊供参考而已。如果要再深入地问我，那我就无言以对了。

　　中国五千年来的文化，因时代累积久远，自然会形成庞杂而高深的特点。正如庄子所说的大椿之树，八千岁为春，八千岁为秋，因成长年代久远，自然枝条茂密，干叶缤纷，又加上攀附丛生于干外之藤萝茂草，纵使是专家学者也难一一剖析精详，又岂能随便即加定论。

明白这个比喻，便可知道，要讲中国文化，实在不能以一概万，更不可以偏概全。勉强地说，中国几千年来的文化，本质影响民间社会的是杂家、阴阳家和道家之学，并非纯粹是儒家或孔孟之教。再看历代政治学术思想的运用，实质上，也掺杂了法家、道家、兵、农、墨等诸家之学，并非完全属儒家学说。

儒家的由来

讲到文化，首先应该知道我们自己的历史，更要细读我们先民的历史。对于三皇五帝等堂皇尊号暂且不论，只要从我们的共祖轩辕黄帝所建立的文明开始，大家就会了解，我们的文化是由上古原始自然科学的天文、星象、历数，以及人群生活技术的农业、畜牧、兵器等的开发所形成的；然后根据自然规律的星象，而建立起管理事务的政体官制。但是这一切的上古传统学术，后来却统统被汉代的历史学者们归纳到道家、阴阳家、杂家的范围里。因此在汉代以后，似乎只有儒生们所标榜的儒学，才是中国文化的核心，这个现象完全是由误解而产生的结果。

周公制定礼乐，再经六百年后孔子删诗书、定礼乐，若要说如此形成的孔孟儒学就是中国历史政治上的主流，那也未必尽然。须知周公、孔子著书立说的目的，只是汇集先民对于人道文化的精华，传之后世，希望以此文教，普及人人——上至帝王，下及百姓，都能做好一个"人之谓人"。万一出而为政，为社会人群做大事，则必须博古通今，知道如何才能做好一个圣君贤相。换言之，孔子秉承周公汇集教化的宗旨，也正如庄子所说的，只是"陶铸尧舜"，教导人们如何塑造一个圣君和贤相的典型，使他们为人群服务而不负平生所学。

但很遗憾的是，自秦、汉以后，所谓的儒生们，为了谋求荣耀的职业而出仕为官，只是依附在既成权力的帝王丹陛之下，臣伏称尊。自己既非皋陶、契、稷的君相雄才，更未怀有"致君尧舜"的臣子之道，由此反而使负有师儒之道的儒家学说，以及"五经""四书"等儒学内涵，变成了千古蒙尘的迂疏之学。

虽然如此，在中国的历史文化上，历代的儒生们总算还保留了周、孔之教的精神，而使儒家之学发挥了经络作用，成为周延贯串诸子百家的重要文化。好比人体血肉之躯的生命，如果没有经络的作用，就会断绝活力而了无生机了。

周武王奋起革命，在推翻殷商末期纣王的暴政后，建立诸侯分封、中央集权的周朝封建制度，大致相似于欧洲历史上的联邦政体。但周朝的封建制度，并非类如欧洲中古时代奴隶制度的封建。周代的政治，是以文化为中心的政体，由周公姬旦制定礼、乐、刑、政制度，并以师儒之道为最高导向。所谓"师以德行教民"，是以注重全民的道德教育为基础；"儒以六艺教民"，是以全民自治、文武合一和生产技术相结合为根本。但在时势的驱使下，任何一种体制，始终难逃盛极必衰的自然规律。所以周初封建体制虽然是以师儒之道的精神为基础的，但是经过几百年后，也渐渐趋向衰落而变质了。

所谓师儒之道的礼、乐遗风，到了春秋时期，只有周公后嗣的鲁国，大体上还保有周礼文化儒术的规模。所以便有出生在鲁国的孔子，起而祖述王道遗制的精神，"删诗书，定礼乐"，传述德行之道和六艺（礼、乐、射、御、书、数）相结合，保留兼备师儒为一的教化，作为后世的准则。孔门弟子如颜渊、曾参，传承了孔门以道兼艺的精神；至于子游、子夏等人则稍有不同，是以文艺兼道为主。因此，春秋末期，在鲁定公、鲁哀公（公元前509—公元前468年）时期的鲁国，还保留儒术最为淳朴的风气。这个时期，也就是后世认为儒家学术思想突出成家的主要时期。

秦汉阶段

战国开始，除孟子以外，由儒家衍出的如荀子儒术，便大大不同于曾子、子思传承的道贯。且在由孔子所订定的六经（诗、书、易、礼、乐、春秋）的传授上，也各自主守师承，显现了分歧。到了秦始皇统一天下，用荀子的弟子李斯为相，建立以法治为主的政权，至此完全舍弃周鲁儒家的典范。因此在秦、汉交替的七十年间，所谓儒家经世之学几乎命如悬丝，虽不绝，但如缕。

刘汉兴起初期，旧史所称誉的文景之治，它的文化政治精神，大体上是以黄（黄帝）老（老子）的道家思想和刑名（法治）相掺杂为主体。传到汉武帝时代，才有所谓"罢黜百家，独尊儒术"的时势出现。如果站在现代思维，评论汉武帝时代的文化历史演变，对于"罢黜百家"之学的得失成败，实在难下定论。但自汉武帝到汉宣帝以后，汉朝政权政府中公、卿、大夫、士、吏等各阶层的人才，大致来讲，确实多是文学彬彬之士，蔚成一代风规。

东汉以后，号称有儒生数万人，对五经章句训诂的学问反而愈来愈疏懒。一般所谓的高名善士，不但不能以周、孔之学致君于尧舜，更不能感化皇帝背后的一群太监。在朝廷中的有学之士，因为厌恶太监们的擅权和专横，这一班自命为君子的儒生，非但不能如君子般周而不比，反而如小人般比而不周，结成党派，与太监们竞斗权力。在历史上首度出现东汉特出的党祸，终使刘汉政权陷于衰落，败亡了事。

但我们在前后汉书中，如能注意儒林的传记，便可知道两汉经师家法和授受的秩序。对于周礼师儒之道的精义，虽然并未达到最高领域，但在当时的名儒大臣们的章疏文辞中所祖述之周、孔法言，对于辅助当时的政治和教化，仍属相当有力。所以历史学家们认为，汉儒"朝秉纲常，士敦名节，拯衰销逆，多历年所，则周鲁儒学之效也"。这些评语虽是秉笔写史的儒家们的主观之言，在儒言儒，大致也是事实，无可厚非。

玄佛的激荡

到了魏晋时期，因受汉末儒学空疏迂阔的刺激，学术思想一变，偏向《老子》《庄子》《周易》，三玄之学崛然盛行，儒家经学几乎有衰歇停顿之趋势。尤其自东晋以后，政局演变成南北分治的割据局面，师儒之道的传承也就渐渐发生见解的异同。北魏和南朝的萧梁时期，对于儒家经学的义理注疏，文辞更臻缜密。南方的学者喜新厌旧；而北方的学者却守旧而疑新，甚至还讥诮南方的学者标新多伪。在此时期，由印度传入中国的大小乘佛学布译新知，与三玄之学互相合拍，成为魏晋南北朝文化吸收并融会新知的特色，姑不具论。

隋唐之际，承接魏晋南北朝两百余年儒、佛、道三家之学互相掺杂的开放思想，学问主流从儒学的六艺转变成以文艺为胜场。文章诗赋，别开生面，除了孔颖达的《五经正义》汇成巨著之外，师儒之道的精义、专家传经的风气，在此时几乎绝响。李唐约三百年间的文运，既有雄浑潇洒的豪气，亦不乏风流倜傥的韵致。其实，都是禅道与文艺相仍的天下。

中唐以后，名臣学士为了政见的异同而兴意气之争，关于师儒之道的经义，在学术上并无特别的创见。如李德裕和牛僧孺的朋党之争，无非是文人学士在政治上的意气用事，以致祸延朝野。直到唐末五代八十年间，高明之士大多厌倦时势，不逃于禅，即归于道。

理学的兴起

宋初名臣以师儒之道自任，形成相权与君权之间分庭抗礼的气节。似宋朝如此尊重师儒之道的形迹，前迈汉、唐，后至元、明、清三朝，亦皆所不及。由此开启濂（周敦颐）、洛（程颐、程颢）、关（张载）、闽（朱熹）四派五子的理学儒宗。他们专事阐发心性的微言，自称继承孔、孟心法，推排佛、老学说，后世的师儒名教从此专守程朱章注，认为即是周、孔的绝学。尤有甚者，宋史也变易了汉书、唐书的成式，别立道学与儒林的分类传记，借此标榜宋代的道学方是孔、孟、颜、曾师儒之道的真髓。

其实所谓儒林，只是文学辞章之士，还不及子游、子夏之辈于万一，实在是一大出格现象。因此积成北宋时期君子攻君子、名臣攻名臣的著名党争，形成洛党、蜀党、朔党等的异见，造成元祐党祸的巨变，足为历史的殷鉴。南宋末期，权臣名相又起而打击道学，指为伪学，以学术意气的主观成见作为政治斗争的戈矛，自相内讧，终使宋室由文弱而至于灭亡，尤为可叹！

　　但在两宋三百年间，割据北方立国的辽、金、元，乃至与宋室相终始的西夏等国，其政教规模，大体上还是遵守孔孟遗教。只是北方学者，大多援儒入于佛、道，或以佛、道糅入儒学，别树风格。更有视宋儒理学并未彻知儒宗因而颇有异议者。唯一般研究文化学术史者，大多忽略此一史实。

明清的儒林

　　元、明之间，儒学承先启后，应是受到南宋末期金华、永嘉事功学派的启发。而后继起的河东薛敬轩、姚江王阳明，门庭分立，递相兴替，但始终不脱宋儒朱熹的"道问学"与陆象山"尊德性"两者的藩篱。

　　明代文化唯一特点，即是百家争出，模拟禅宗的公案语录，开创儒家学案的著作，对于经义家法，完全寂默无闻。

自嘉靖到神宗以后，一如东汉末代，大臣学士起而与太监争权，终于构成东林党祸的巨变，促使民变与盗贼相结合，以致亡国。

崇尚儒学的清代学者，综合宋、明儒家与汉儒经师而做比类，认为"两汉名教，得儒经之功，宋明讲学得师道之益，皆于周孔之道，得其分合，未可偏讥而互诮也"。但对明代儒学，又不能不另加公允的论断，因此便说："揆之周礼，有师无儒，空疏甚矣。然其间台阁风厉（指如张居正等），持正扶危。学士名流，知能激发。虽多私议，或伤国体，然其正道，实拯世心。"（《清史稿·儒林传》）似此两非两是的按语，犹如老吏断狱，先入其罪，而又笔锋一转，为之巧妙开释，真如刀笔吏的含混妙文，令人拍案叫绝。

清朝初建于东北边鄙的满洲，但自建都盛京开始，即知为政之道必须首重儒士，于是起用明末先世流徙东北而归顺旗下的儒生，如范文程、宁完我等辈，为之参照明朝政体，建立规模。范文程是宋代名臣范仲淹之后，文武兼资，入关前后，大致都以儒学正道匡扶王室，敦正人心，为皇太极、顺治、康熙继统初期的三朝重臣。

康熙亲政开始，英年好学，特别重视儒家经说，兼习西洋天文、历数等学，与李光地、熊赐履、魏象枢、张英、方苞等君臣互为师友，尊重周、孔经义，袭用明朝以来的程朱章注取士制度。且在战乱之中，起用前朝归顺敦品励行的儒臣，如汤斌、陆陇其等辈，形成以儒家礼义治天下的一朝吏治，清官循吏辈出。

在民间，隐居不屈的大儒如孙奇逢、黄宗羲、王夫之、李颙、顾炎武等辈，有鉴于明末儒林空疏迂阔的流弊，屏居讲学，以经世之学和师儒之道自任，影响清朝两百余年来用儒家经义的经世之学，改变了宋明理学诸家徒事心性的迂疏理念，转而注重汉学训诂的考据，终使清儒两百余年的经学大有超越汉、唐之势。如阮元所辑的《皇清经解》一千四百卷，凡一百八十三种。咸丰、同治以后，又有王先谦续编一千余卷，二百零九种等，确实蔚为奇观，学者虽穷毕生之力，亦难尽窥细致。至于其重视考据而发展为近代的考古学的先导，其功更不可没。

从顺治开始，经康熙、雍正而到乾隆三代，虽然外示尊重儒家经学、重用敦品励行的儒者以笼络天下士子，但在王室自修内明的心性之道方面，三代皆潜心佛学以配合外用之术。如康熙重译《般若心经》，雍正专志禅宗、整肃佛教，加之乾隆童年即随父亲雍正学禅，后又禅密兼修，而能自译密乘《大威德金刚仪轨》等事，殊非一般儒家学者所能理解。但乾隆对心性之学的精辟，不如父祖两代在事功上的深刻锻炼，故继位以后，流为偏好辞章文艺。虽然如此，亦促使乾、嘉七八十年间的清代文学，大有直追唐宋而过之的风格。

降至道光时期，承平日久，社会风气奢靡，文人学士大多沉酣于风花雪月文辞丽句之间。如著名的词人项鸿祚（莲生）在《忆云词》自序中所说："不为无益之事，何以遣有涯之生。"学者诵而悲之，由此可知道光、咸丰之间的文风日变。忧时愤世如龚自珍、魏源等人，有鉴于此，即乘时立说，注重西北蒙藏边防与海防外祸的实用事功论议，激起同侪林则徐烧毁鸦片的丰功伟业。

同治以后，文运再变，清史所誉的中兴名臣曾国藩便是其中翘楚，他用其毕生学术与事功的实践心得，选辑《经史百家杂钞》一书，述而不作，显示其于经世学术的大要。至于曾国藩家书一类的琐言，乃其余事而已。

近代的转折

在此际，海运已开，清末学者所谓的九州万国知识已渐启其蒙。于是光绪、宣统之间，便有忧时之士如南海康有为、梁启超等辈，以儒学经义而吸收西洋文化中的政学理念，用其所长的《春秋公羊传》主旨，提倡尊王师夷的维新学说，风靡一时。虽然康、梁在清末民初的大革命时期偏执保皇主张，舍此是非不论，即以康有为掺入西方政学理念而著作的《大同书》，却对民初各党派革命志士的思想启迪颇大。这是现代历史文化演变的事实，不可因其人其事而废其言。

与此同时，留学欧美的名儒严几道与辜鸿铭，皆能精通中国与西洋诸家学说而终归于儒。但限于时势，人皆等闲视之。今取其有关言论以资反思，如云："（严几道）以为自由、平等、权利诸说，由之未尝无利，脱靡所折衷，则流荡放佚，害且不可胜言，常于广众中陈之……举中外治术学理，靡不究极原委，抉其失得，证明而会通之。精欧西文字，所译书以瑰辞达奥旨。""（辜鸿铭）论学以正谊明道为归。尝谓：欧美主强权，务其外者也；中国主礼教（指《礼记》等经义之学），修其内者也。又谓：近人欲以欧美政学变中国，是乱中国也。异日世界之争必烈，微中国礼教不能弭此祸也。"

至于推翻清朝、成立民国以后，直到现在八十余年间的变故，儒家经义与孔孟治国平天下的学术理念，几乎已随三千年的历史陈迹而消失无遗。

二十世纪中期以来，由于工商与精密科技的发达，货币金融的洪波巨浪，几乎淹没了人文学术思想的潮流。其间虽有少数对中国固有文化的多情学者综合新知，倡说新儒学，志为中流砥柱，实已无异强弩之末，势不能穿鲁缟，可谓名存而实亡。但其抱残守缺之精神、待时而兴之志向，诚可嘉赏。

（选自《廿一世纪初的前言后语》）

道家的学问与影响

综罗百代 广博精微

讲到中国文化，在春秋、战国前后，便包括诸子百家所有的学术思想，由战国末期到秦、汉之间，作为代表而足以影响上下社会各阶层的，应该算是儒、道、墨三家，到隋、唐以后，便以儒、佛、道为代表。这个观念，我要再三反复说明的理由，就是希望讲中国文化，不要偏废，更不要弄错方向。

最能代表道家思想的是老子，他所著《老子》（到了唐玄宗时代，又尊称它为《道德经》）一书。最能代表道家思想，最有系统，有最具体的叙述。而阐扬、诠解老子最清楚正确的，发扬道家思想最透彻的，则是庄子。庄周所著《庄子》一书，唐玄宗时代又尊称它为《南华经》。其中所论辩的道理，在政治、军事、教育、经济等各方面，都可致用。它对历史人物的建功立业乃至对个人修养——修道、养气，以及立身、处世等，都有大用处。

这不止是指《庄子》的内七篇而已，事实上，几千年来，历代所偷偷运用庄子的学术，都取《外篇》和《杂篇》中的精华。因此，真正把五千年来中国文化，发挥得光辉灿烂的，亦就是道家的老庄之学，尤其是《庄子》的《外篇》与《杂篇》部分最多。

现代人对道家的观念，是汉、唐以后的人所持的观念。在秦、汉以前，现在所谓的"道家"与孔孟之学的所谓"儒家"，原本没有分开的，统统是一个"道"字。而这一个"道"字，代表了中国的宗教观，也代表了中国的哲学——包括人生哲学、政治哲学、军事哲学、经济哲学，乃至一切种种哲学，都含在此一"道"字中。

清代乾隆年间，主编《四库全书》的著名学者纪晓岚曾经说过："世间的道理与事情，都在古人的书中说尽，现在如再著述，仍超不过古人的范围，又何必再多著述。"所以纪晓岚一生之中，从不著书，只是编书——整理前人的典籍，将中国文化做系统的分类，以便于后来的学者们学习，他自己的著作只有《阅微草堂笔记》一册而已。就因为他倚此一态度而为学，自然地读书非常多，了解得亦较他人深刻而正确。他对道家的学术，就下了八个字的评语："综罗百代，广博精微。"意思是说，道家的文化思想，包括了中国上下五千年的整个文化。"广博"是包罗众多；"精微"是精细到极点，微妙到不可思议的境界。

但是，道家的流弊也很大，画符念咒、吞刀吐火之术，都变成了道家的文化，更有阴阳、风水、看相、算命、医药、武功等，几乎无一不包括在内，都属于道家的学术。所以虽是"综罗百代，广博精微"，也因之产生了流弊。

拨乱反正

提到我们的历史文化，所谓魏晋南北朝这一阶段，正是《易经》《老子》《庄子》"三玄"之学最流行的时代。但是，这个时代的历史背景，是一个变动不安、非常混乱，社会政治、经济、文化最衰败的两百多年。可是在哲学思想方面，由于知识分子的高谈阔论，也提升到极点。于是有人说，"三玄"之学，是衰乱之书，因为每到一个衰乱的时代，"三玄"之学就会特别受人欢迎。这是因为在动乱不安中，人们的精神失去寄托，便希望从这方面找到一条出路。

其实，并不一定如他们所说的那样。凡是对任何一样东西，立场不同，观点就两样。自己站的角度不同，看到的印象就各异。我们看中国历史，汉、唐、宋、元、明、清开基立业的鼎盛时期，都是由"三玄"之学出来用世。而且在中国历史文化上，有一个不易的法则，每当时代变乱到极点，无可救药时，出来"拨乱反正"的人物，都是道家人物。不过，他们有他们的一贯作风——"功成，名遂，身退，天之道也"。帮助人家打好天下，成功了，或在私人事业上帮助别人发财，当上了老板，然后自己飘然而去。如商汤时的伊尹、傅说，周朝开国时的姜太公，春秋战国时期的范蠡，汉朝开国时的张良、陈平，三国时的诸葛亮，都是道家人物。姜太公与范蠡，完全做到了"功成，名遂，身退"的"天之道"。张良则差一点，最后欲退而不能，本事不算大。至于诸葛亮，他的立身处世，完全是儒家的态度，"鞠躬尽瘁，死而后已"，恰如其分。次如唐代的魏徵、明代的刘伯温、清朝的范文程等，还有许多不可知、不可数的道家人物。

老庄之道的人生大原则

个人修养方面，运用黄老之道立身处世，有一个大原则，就是："功成，名遂，身退，天之道也。"从这里又要想起道家的另一个大原则，但这另一原则，如果讲起理论来，或者做一学术性的文字报告，那就太多了，不是这里所能尽述的，现在只好举出一个人的故事来做说明。

白居易的一生，学问好，名气大，官位亦很高，留名后世，没有人能够和他比的。而他常想从政治舞台上退出来，悠游林下，不像苏东坡，曾经吃了很多苦。白居易享了一辈子福，临老还享福，就因为他学道。这从他一首读《老子》后的七律可以知道。原诗是：

吉凶祸福有来由，但要深知不要忧；
只见火光烧润屋，不闻风浪覆虚舟。
名为公器无多取，利是身灾合少求；
虽异匏瓜难不食，大都食足早宜休。

他说，人生的遭遇，成功与失败，吉凶祸福，都有它的原因，真有智慧的人，要知道它的原因，不需要烦恼，不需要忧愁。

颔联两句，引用了庄子"覆虚舟"的典故。他说，我们只看到世上富贵人家多财润饰华丽的房屋，仍会被大火烧毁，却从未见到空船在水上被风浪吞没的。装了东西的船，遇到风浪才会沉没，而且装得愈重，沉没的危险愈大。虚舟本来就是空的，纵会翻覆，亦仍浮在水面。这是说人的修养，应该无所求，无所得，愈空虚愈好。曾子说："富润屋，德润身。"

颈联两句更指出，人世间"名"与"利"两件事不宜贪求，以免招灾祸。可是现代青年，都在那里拓展自己的"知名度"。

仔细研究起来，不管任何一种名，如果太高了，不符实际，对于此人的人生与福祉，就会产生非常大的障碍。如"誉满天下，谤亦随之"，就是这个道理。

说到利，最具代表性，普遍为人所求的，当然是钱，人人都想发财，钱愈多愈好。除非在生命垂危时，宁可减少自己的财富，以挽救生命使之延续。可是生命救回来了，寿命可以延长了，却又会贪财舍命，所谓"人为财死"。白居易说"利是身灾"，人的钱多了，烦恼更大，钱与烦恼，如形之与影，且大小成正比。

所以，白居易这首诗的结尾语说："虽异匏瓜难不食，大都食足早宜休。"世界上谁不好名贪利？佛教劝人们绝对放弃名利，这是做不到的。老子就不然，他只是教人"少私寡欲"，少一点就好了。所以白居易说，名利像匏一样，实在好吃，叫人绝对不要吃是做不到的，但是吃了以后，很有可能会拉肚子的。深懂了黄老之道，那就是"大都食足早宜休"，不要吃得过分了。这就是老子之道在个人修养上的基本原则。

可出可入，能出能入

我国自唐、宋以后，以儒、释、道三家的哲学，作为文化的主流。在这三家中，佛家是偏重于出世的，虽然佛家的大乘道也主张入世、普救众生，但出家学道、修道的人，本身还是偏重于出世。而且佛家的学问，从心理入手，然后进入形而上道。儒家的学问，又以孔孟之学为其归趋，则是偏重于入世的，像《大学》《中庸》。亦有一部分儒家思想，从伦理入手，然后进入形而上道，但到底是偏重入世。道家的学问，老庄之道就更妙了，可以出世，亦可以入世，或出或入，都任其所欲。像一个人，跨了门槛站在那里，一只脚在门里，一只脚在门外，让人去猜他将入或将出，而别人也永远没有办法去猜透。

了解这些精神以后，欲懂得老庄的运用之道，在"用"上发挥老庄的哲学，那必须先读庄子的《天下篇》和《让王篇》。且举历史上一个人物的行径来说明，也许比理论上的阐述，让大家体会得更深切。

清代的中兴名臣曾国藩，大家都知道，他是近代史上一位大政治家，不必多介绍他的身世功业了。后世的人，说他建功立业，一共有十三套本领，但是其中有十一套大的谋略之学，都未曾流传下来，只留了两套本领给后世的人。其中一套，是著了一部《冰鉴》，把相人之术传给后世的人。自他以后，有许多政治的、军事的乃至经济等方面的领导人，运用他这部《冰鉴》所述的相人术选才用人，的确收到了一些效果。

另一套本领，就是他的日记和家书。但是，曾国藩的日记和家书，不外乎告诉家人，怎样弄好鸡窝，怎样整理菜园，表示很快要回家种田，等等。这些琐碎小事，老农老圃也懂，算得什么大本领，值得留传给后人？

这只是一种皮毛的肤浅看法而已。如果进一步去分析曾国藩、曾国荃兄弟当时所建的功业，所处的环境，时代的政治背景，历史的轨迹，就可以了解到曾国藩絮絮于这些琐碎细事，实际上正深厚地运用了老庄之道。

曾国藩兄弟，经过了九年的艰苦战争，终于将曾经占领了半壁江山、摇撼京师、几乎取得政权的太平天国打垮了。他们所建立的"功绩"是清朝入关以来，前所未有的，到达了"功高震主"的程度。

"功高震主"的情况，可能有许多人体会不到，试以创办一家公司为比喻。一位公司老板，找到了一位很能干的干部，由于这位干部精明能干，而且很努力，于是，因其良好的功劳业绩，由一名小小的业务员，逐步上升，而股长，而主任，而经理，一直升到总经理。到了这个阶段，公司的一切业务，许多事情，他比老板还更了解、更熟练，同下面的人缘又好极了。那么，在这种情况下，当老板的就会担起心来。这就"功高震主"了，地位就危险了。

在政治上，一个功高震主的大臣，危险与荣誉是成正比的，获得的荣耀勋奖愈多，危险也愈大。不但随时有失去权势财富的可能，甚至生命也往往且夕不保。

清朝以特务手段驾驭大臣和各级官吏，慈禧太后以一女人而专政，就用得更多、更厉害。所以曾国藩的日记与家书，写这些个鸡栏、菜圃小事，与其说是给家人子弟看，不如说是给慈禧太后看，期在无形中消除"老板"的疑心，表示自己不过是一个求田问舍的乡巴佬，以保全首领而已。

在近代史上，明朝平宸濠之乱的王阳明、清朝打败太平天国的曾国藩，都精通老庄之学，擅用老庄之学。但都是"内用黄老，外示儒术"的作风，如果硬把他们打入儒家，认为他们只知道在那里讲讲理学，打打坐而已。这种看法，不是欺人便是自欺，否则，便真的要"悔读南华庄子文"了！

道家与民俗

关于道家与道教的学术思想，它影响中国历史文化的巨大和悠久，实在源远流长，普遍深入每一部分。例如，以中国的宗教与哲学而言，佛教经典及佛学内容的翻译，有许多名词、术语，以及注释与疏述，很多地方，都是借重道家学术思想的名词和义理。当然，后来道家与道教，有很多是采纳融会佛教学理的学术思想，那也是不容否认的事实。至于儒家学术，以及侈谈玄之又玄的思致辨慧，更离不开道家思想，尤其是老子、庄子、列子的学问。其他如政治、军事、经济、社会、文学、艺术、工业、农事等，无不与道教前身的道家学术思想有关。

我们为了尽量简化来做大概的介绍，列举最重要，而且最普遍、最熟悉的事，莫如中华民族以及各地方所有的风俗习惯。尤其是过去的农业社会、渔猎社会，平原生活、海洋生活与高原生活，对于五候、六气、二十四节气的关系与重视，几乎与整个的生活打成一片，不可分离。这都由于传统道家学术思想的影响，直达三千年之久。

其次，如过去民间岁时过年的伏腊、送灶、元旦、祭天地祖宗，正月初七的人日、初九的九皇诞、正月十五的上元节、春社的宴会、二月十二的花朝、三月三的上坟扫墓、五月端午的插菖蒲并饮雄黄酒、六月六的晒曝、七月七的乞巧、七月十五的中元鬼节、八月十五的中秋、九月九的登高等，不尽细说的风俗习惯，都由于道教思想所形成。若在一般民间迷信道教观念的习惯而言，几乎每一个月当中，便有大半时间，都在禁忌与信守之中，简直不敢错走一步。至于婚丧庆吊等与礼仪有关的习俗，无一不从道家的观念而来。但是，这些种种的习惯风俗，我们只要试读《礼记》与《荆楚岁时记》

等书，便可知道其渊源久远，而且是儒、道本不分家的综合文化。我们因为生活在道家学术思想之中过得太久了，反而忘其所以，致使自己对于道家内容太过陌生，岂非有违常理。

道家与教育

至于讲到道家及道教与中国文化教育的密切关系，更为重要。我们都只知道中国过去教育的目的，大体是走儒家孔、孟思想的路线，为建立人伦道德，至于修身、齐家、治国、平天下而教育，所谓功名科第，仅是它的余事而已。然而因为后儒对于道、佛两教素来便有视为异端的因袭观念，所以对于道家与道教在中国教育文化上的功劳，都是阳奉阴违，忘其所以。

其实，中国过去的教育，与中国前辈读书人的知识分子，他由少年到一生的人格道德教育，大多以儒家的思想做规范，以道家与道教的精神做基础。

这是什么理由呢？这便是道教两本书的力量，即《文昌帝君阴骘文》和《太上感应篇》。这两本书的内容，等于便是道家与道教的戒条，也就是中国文化教人为善去恶的教育范本。它以天道好还、福善祸淫的因果律做根据，列举许多做人做事、待人接物的条规，由做人做事而直达上天成仙的成果，都以此为标准。

从汉、魏开始，经晋代《抱朴子》的提倡，一直流传了两三千年。它主张的道德，是着重在阴德的修养。所谓阴德，便是民间俗话所说的阴功积德。阴功，是不求人知、被人所不见、人所不知的善行，如明求人知，已非阴德了。由此思想观念的发展，过去认为科第功名的中取与否，除了文章学问以外，更重要的便是靠为善去恶，阴功积德的结果。因此，很多世代书香的人家，尽管大门口贴着"僧道无缘"的标语，但在他们案头放着教导子孙家庭教育的范本，都摆有《文昌帝君阴骘文》与《太上感应篇》等书。

这种精神与风气，在中国文化教育界中，一直延续到十九世纪末期为止。同时，各省、各府、各县，在在处处，都有文昌阁与魁星楼的建筑，它与东岳庙、城隍庙、三官大帝祠庙等，巍然并峙。所谓梓潼文昌帝君，从唐以后便兴盛风行，是专管文运的神道。魁星也是专管科第功名，赏善罚恶的文运之神。乃至由此普及到戏剧方面，如过去的唱戏（包括京戏、地方戏等），当开锣上台以后，首先出场的便是魁星，其次才是跳加官，招财进宝。戏剧到了最后完场时，便是关公拖着偃月刀来净台，这样的一个戏剧文化思想，他是代表什么意义？大有文章，可以值得深长思也。

道家与文学

　　道家与道教，从魏、晋开始，到唐、宋以后，它与中国文学的因缘，正像佛学与禅宗一样，都与文学结有不解之缘。如果勉强地以时代来划分界限，魏、晋的文学，含有道家的成分比较多，无论诗歌与散文，都是如此。唐人的文学，道、佛两家的气息并重，尤其以唐诗是如此，至于唐人的笔记小说中，却以道家的成分为多。宋人的文学，似乎比较偏向于禅，无论诗词与散文，大体都有这个情况。元代的戏曲、小说等，佛学成分多于道家。明、清以来，才慢慢走上融混的路道。为了讲这样一个严肃的课题，最后要使大家轻松一些，我们不妨举出唐人诗中一些有关道家与道教的材料，使人读后多少可以沾些仙人气息的意境。

　　唐代的名士才子中，例如李商隐有名的一首《锦瑟》："锦瑟无端五十弦，一弦一柱思华年。庄生晓梦迷蝴蝶，望帝春心托杜鹃。沧海月明珠有泪，蓝田日暖玉生烟。此情可待成追忆，只是当时已惘然。"他所用的庄生梦蝴蝶、望帝托杜鹃、沧海珠泪、蓝田暖玉等，无一不是与道家、道教有关的典故。无此修养，无此意境，无此感情，便做不出这种诗境。

　　至于唐代名僧、道士的诗，好的作品，也非常多。因为一般限于诗体的成见与偏见，便轻易地忽略过去。道士的诗，例如："因卖丹砂下白云,鹿裘惟惹九衢尘。不如将耳入山去,万是千非愁杀人。""佛前香印废晨烧,金锡当门照寂寥。童子不知师病困,报风吹折好芭蕉。""似鹤如云一个身,不忧家国不忧贫。拟将枕上日高睡,卖与世间荣贵人。"都是惑乱人生中,偶然一服的清凉镇静剂,大可有助于修养。

至若唐人笔记小说中的裴航遇仙、云英谪嫁的仙人艳迹,平添后世许多神仙眷属的幻想与佳话。那都是道家与道教给予中国文学的生命活力,并无颓唐、哀愁、灰色的情调。宋代名诗人,如苏东坡、王安石、黄山谷等人的作品,更与道、佛思想不能分离。苏东坡的名词,如《水调歌头》,要研究道家思想与中国文学,此中大有文章,也不可放过。

（选自《禅宗与道家》《老子他说》）

佛学与中国文化的因缘

中国文化的阶段与特色

讲到佛学与中国文化历史的因缘，首当提出中国文化的界说，分为三大阶段。

第一阶段，自三代前后，中国传统文化渊源伏羲画八卦而建立《易经》天人之际的文化为基础，是属于原始的、质朴的、科学而哲学的文化；经过夏、商、周三代的演进，便形成以易、礼为中心的天人思想。

第二阶段，由于传统文化的分化，到周、秦之际，产生诸子百家学术思想互为异同的天下，复经秦、汉前后的演变，渐次形成儒、道、墨三家学说思想特立独出的形态。

第三阶段，再经魏晋南北朝的演变，产生隋唐以后儒、释、道三家鼎峙，随时变易互为兴衰的局面。从此历宋、元、明、清，讲到中国文化，便以儒、释、道三家并举为其中坚代表。

好像中国的地理河流，北有黄河，中有长江，南有珠江流域，综罗交织而灌溉滋茂了中国文化的生命，所以讲到中国文化，实在不可偏举，我们身为中国人，更不能不了解自己文化的真相。

尤其中国文化的哲学思想，与西方文化哲学，基本大有不同；如果说中国有哲学思想，却不是独立的专科，中国的哲学，素来是文（文学）哲不分、文史不分、学用不分，无论研究中国哲学或佛学，它与历史、文学、哲学、为政四门，始终无法分解，等于西方的哲学，与宗教、科学和实际的政治思想，不能脱离关系，是有异曲同工之妙。

佛教传入的思潮背景

要知秦、汉以后，儒、道两家学说思想的互相隆替，以及佛教文化输入的前因后果，便须了解两汉思想学术演变的原因：两汉的学术思想，始终是儒、道两家思想的天下；墨家思想在汉初已经融化为儒、道的附庸，并无特立的藩篱。

西汉初期，因为政治领导与社会的趋势，道家思想最为流行，历史上有名的"文景之治"，完全倾向道家黄老之术，这是时代的需要，也是汉初政治原则上的必然趋势。从此道家学术思想，便在中国历史上形成一个定则，凡当拨乱反正的时代，必定需用道家学术的领导，到了天下太平，便"内用黄老，外示儒术"。

西汉以来，因为道家学术思想的盛行，于是法家、阴阳家、杂家等思想，也都托足道家门庭，依草附木而欣欣向荣，及其流弊所致，便造成西汉阴阳家的五德终始，以及谶纬（乩祥）的迷信风气。王莽的叛乱、光武的中兴、汉末三国的局面，无一不在谶纬的观念中而构成政治治乱的心理因素。因而有汉末道家的隐士思想，与墨家变相的游侠思想结合，产生道教的雏形，便与佛教学说互相推排，而又互相融化。

同时两汉学术思想，自经汉武帝与董仲舒辈的提倡，"罢黜百家，一尊于儒"，使孔、孟、荀以来之儒家思想，一变而为两汉经师儒家的天下，于是训诂、注疏与各主一家的传经风气，弥漫朝野，由学术思想的权威经师、博士，与选举孝廉、拔用贤良方正的制度互相交错，而造成东汉后期的世家阀阅（门第）的弊端，以致形成党锢之祸，使学术思想与政治因素，互为表里而促成政治社会的乱源。

汉初承战国与秦室的变乱，文化学术凋敝已尽，西汉传经与注疏的工作，实在甚为重要。但自东汉末期，注疏传经，已经流于支离烦琐，借此从事学问而博取功名，则为唯一工具，如要真实寻出天人文化思想的奥义，已如强弩之末，势已不能透过纸背了。所以两汉学术，一到三国阶段，便相当空泛而黯淡，恰在这个时期，佛教学术思想，挟新颖玄奥的哲学，源源输入，因此而形成魏晋南北朝学术思想的形态。

关于魏晋南北朝文化的颓废与新运，一般多归过于三玄之学的勃兴与清谈风气的腐败。其实，如果了解两汉历史文化的演变，对三玄之学与清谈兴起的原因，就不会诿过于少数读书人，如何晏、王弼之流了。

在中国历史上领导学术思想的转变，少数有识之士，固然可以开创风气，但真实形成力量的，仍然属于实际政治中的领导人物。孔子推崇尧、舜、禹、汤、文、武、周公，固然如此，后世领导方向的正确与否，还是不能例外。初唐君臣，领导学术思想，而启发佛、道两教。宋初君臣，领导儒家而产生理学，后来明、清两代，无一而不如此，所以说学术风气的转移，在于一二人者，绝不是少数坐议立谈、空言之士可以做得到的。

总之，魏晋三玄之学与清谈风气的形成，它的偏向，既不是老庄思想的罪过，也不是佛学般若谈空说妙的错误。细读历史，便知是受魏武（曹操）父子（曹丕、曹植）的文学情调所影响。何晏、王弼都是少年贵族，恃宠气骄，既不能从事洁静精微的学问，又不能做疏通知远的功夫，而以老庄思想的风流外表，互为三玄注解。那是文学的、哲学的必然结果，所以从纯粹的哲学立场看魏晋南北朝的思想，除了佛学以外，所谓三玄之学，只是文学的哲学而已。由玄学再变而有清谈的风气，由清谈而造成无用之用，置天下国家事于风花雪月之间，那是势所必然的结果。

佛教的文化贡献

佛教学术思想，又由于两晋、南北朝西陲氏族的崛起，互相争霸而入主中原，于是推波助澜而使佛学东来的洪流，源源不绝，因而奠定隋唐之间中国佛教，与中国佛学成长的根基。或有认为南北朝间佛学的输入，是凭借西陲氏族的武力入侵而注入，等于清朝末期西方宗教向中国的传教情形一样。这个问题，在中国历史资料上，非常明白，不可混为一谈。

事实上，南北朝之间西陲氏族的入侵，因为他们文化根基过于浅薄，本来便毫无文化思想可言，与宗教政治更不相干，只是一种盲目的凶顽残贼而已，后来如石赵、姚秦的作为，全赖感染佛教的教化，而稍戢其淫威，如北魏的情形，更因受到佛学的熏陶，而融会接受儒、道两家文化的结果，那是史有明文，毋庸争议了。总之，南北朝的佛学，因为与中国儒、道两家文化的互相融会，奠定隋唐以后中国文化与中国佛学勃兴的阶段。西域来中国的名僧如佛图澄、鸠摩罗什等人，无一不是英睿特出之士，而毕生致力于佛学文化事业，对中国文化思想的贡献，都是功不可泯。

此外，在人物方面，如因译经事业，发明中国的音韵之学，便有以此名家的沈约，因佛学的译述而启发文法，即有著作《文心雕龙》的刘勰，又如云冈石窟与唐代敦煌壁画，以及音乐、诗歌、艺术等的发达，无一不与佛学有关。但必须记得，自东汉以来到隋唐之间，由印度佛教思想吸收成为中国文化的佛学，其间经历艰难困苦，错综复杂的过程，约有四五百年的时间，才形成唐代的文化。温故而知新，现在要谈中西文化的融会贯通，虽然时移势易，加上现代科学工具的发达，但无论如何，也不是在短时期内，或一个世纪中便可望其成就的，所以我们生在这一时期的知识青年，对于当前中国文化的趋势，与自身所负国家民族历史文化的责任，更须有所警惕而加倍努力。

佛教勃兴与三教融合

至于隋唐以后，儒、释、道三家学术阵容的形成，当然有其历史背景，远因已如上述，近因则另有新的面目。

由于唐室李氏宗亲，自唐太宗以来，即诏定道教为国教，尊奉李老君为教主，因此而奠定道教在唐代政教上的根基。又因为唐室君臣醉心佛学，故虽尊奉道教，实则佛、道并重，但在人事地位上，略加分别而已。

自初唐，开国将相多数为文中子王通的门人。而王通讲学，对于儒、释、道三家学说思想，择其善者而从之，素来不分畛域。因此，一般读书人，号称儒者的知识分子，多已有儒、佛不分，儒、道无别的学术思想。即使如中唐以后，一位得力于墨家，而以文章名世，号称为儒家正统的韩愈，虽闹过史称"排佛"的大事，其实，还是后人正反双方的渲染过度。细读韩愈排佛的文章与历史的事实，他当时只是对佛教制度与某一类佛教徒的不满，并非对佛学本身多有攻击。

　　而且自韩愈以后，直到宋、元、明、清几代理学家们的儒者，排斥佛教最有力的理由，就是说它废弃伦常，无父无君的出家制度。此外，少数有关佛学的批评，到底都是门外汉的外行话，无足轻重。如从深入的角度来看，韩愈排佛，于佛教毫无损失，所以当代名僧禅德，极少出来说话。真正打击宗教本身的，往往出于宗教徒的自身，这是古今中外不易的定例，凡为任何宗教的人士，应当深省。

　　唐代佛学的勃兴，影响中国文化每一部门，直到后世普及日本与东方各国，约有三大原因。由于天下太平，社会安定，佛教人才辈起，创立中国佛学各宗义理，因此而普遍影响唐代的中国文教。因南顿北渐的禅宗风气，普遍宏开，唐代文学与所有文化学术，如蜜入水，如盐加味，随处充满禅意的生机。同时，因百丈禅师创立丛林的寺院制度，使佛教十宗学派，一律托庇宇下，奠定中国佛教与中国佛学的特色而照耀古今中外。因玄奘法师自印度留学回国，翻译佛经事业的影响，以及佛学唯识法相的翻译完成，使中国文化中的宗教哲学思想，确立逻辑的思维体系。因此而与儒、道两家，左右逢源，互相吞吐诸子百家之长，而构成中国文化三大巨

后，到了禅宗这里，剥掉了一切宗教外
文化来表达，一句经典一句佛都拿掉了，
文化中的特别之处。唐代的中国文化影
常常讲中国文化，我常问大家中国文化
不懂中国文化，所谓儒家、道家、佛家，
是中国文化学术的一种。

的外衣都剥掉了，没有宗教的迷信，直
指出一切众生个个是佛，如何找出自己
功能，直接走这个路线，就是禅。那么，
统统走这个路线，从梁武帝以后直到
大了，可以说禅宗几乎影响了全世界。

干什么呢？西方哲学文化史叫黑暗时
位下来，完全是自己困在教廷里研究神
明的影子都还没有。而在这个时候，整
光芒照遍了全世界，尤其是朝鲜、日本，

书到用时方恨少　事非经过不知难

南怀瑾　书

在禅的整个笼罩之下，也包括我们本土的儒家、道家。从轩辕黄帝开始，渐渐变成诸子百家的学问，因为禅一来，等于诸子百家的文化都是豆浆，还不能变成豆腐，豆浆变豆腐必须靠那个卤水，一点下去变成豆腐了。诸子百家所有文化中心的那一点，就是禅。

这一点，整个东方文化起了大的不同作用，现代科学追求的生命科学、认知科学，包括信息科学都在内。

新思潮的兴衰

物壮则衰，事穷则变，佛学禅宗经晚唐五代以后，它的蜕变与转向，也是文化历史的必然趋势。所以一到宋初，由于开国君臣崇尚孔孟学说，于是读书人士当然是儒家之徒的知识分子，便在有意无意之间，吸收隋唐以后四百年来佛学修养的精神与方法，摇身一变，而产生理学濂、洛、关、闽的门庭。

理学家们讲学的方法与作风，书院制度的规模，无一而不从禅宗形态蜕变的。平心而论，要说宋明理学等于儒家的禅宗，佛教禅宗，例如佛家的儒、道，实在不算过分，但这只是言其形式，如究其实质内容的异同，就大有分别了。

禅宗、理学，经过两宋两三百年的互相推排，及其末流，同时皆趋没落。禅宗有默照（沉默）邪禅及狂禅的混杂，理学有朱、陆"道问学"与"尊德性"的纷争，一逢元朝武力入侵，挟佛教密宗的喇嘛教的卷入，便使亦儒亦佛的两家巨室，就都生出支离破碎的蔓草荆棘了。从此使明代近三百年的文教，笼罩在一片不是狂禅的理学，即是理学的狂禅气象之中。虽然有王阳明创立履践笃实的良知良能的学说，但依违儒、佛之间，毕竟大有问题存在。因此使明末清初的大儒们，讥为"圣人满街走""平时静坐谈心性，临危一死报君王"等，确有原因，并非纯属意气用事。清初佛学与禅宗，虽有雍正的再度提倡，但因既定的国策，始终以外崇喇嘛教而羁縻西北边陲，故亦一蹶不振，无能为力了。

　　总之，由于以上的简述，对于佛学与中国过去文化历史的因缘，大概已可了解其重点了。

　　　　　　　　　　　（选自《禅宗与道家》《洞山指月》）

第三章

理解中国文化的关键词

先认几个字

我们中国的文字，自远古以来，就不同于其他一些民族的文字。中国字是方块字，它与印度的梵文、埃及上古的象形文字，都以个体图形来表达思维语言的内涵意义。所以到了汉代，便有专门研究文字学的学问，以"六书"来说明中国文字的形成及其用法。所谓"六书"的内容，包括象形、指事、会意、形声、转注、假借。这属于汉学中最出色的"小学"和"训诂"的范围。

那么，我提出读古书须先理解"道""德""天"等字，以及"大人"一词是什么意思。这也与汉代文字学的"小学""训诂"很有相关之处。因为我们要研究从春秋、战国时期以来的诸子百家书籍，尤其是儒、道两家的书，对以上的几个字，用在不同语句、不同篇章里的含义，并不可只做同一意义的理解。否则，很容易把自己的思维意识引入歧途，那就偏差太远了。

道

"道"字，便有五个不同内涵。

一是道路的道。换言之，一条路，就叫作道。很多古代书上的注解"道者，径路也"，就是这个意思。

二是一个理则，或为一个方法上的原理、原则的浓缩之名词。例如，《易经·系传》说："一阴一阳之谓道。"在医药上的定理，有叫医道，或药物之道。用于政治上的原则，便叫政道。用于军事，叫兵道。又如《孙子》十三篇中所用的一句话："兵者，诡道也。"甚至自古以来，已经为人们惯用的口头语，所谓"盗亦有道"，或者"天道""地道""人道"等的"道"字，都是指有某一个特定法则的道。

三是形而上哲学的代号，如《易经·系传》所说"形而下者谓之器""形而上者谓之道"。形而下是指物理世界、物质世间有形有相的东西；"器"字就是指有形有相的东西。那么，超越于物质或物理的有形有相之上，那个本来体性，那个能为"万象之主"的又是什么东西呢？它是实在唯物的，还是抽象唯心的呢？这是我们自古祖先传统的答案，不是"物"，也不是"心"，心物两样，也还是它的作用现象而已。这无以名之的它，便叫作道。例如《老子》一书，首先提出"道可道，非常道"的"道"，就是从形而上说起。其实，"大学之道"的"道"，也是从形而上而来的理念。

四是讲话的意思，这是古代中原文化习惯的用词，你只要多看看中国古典民间通俗小说，就处处可见，"且听我慢慢道来"，或是"他道""老婆子道"等，真是随手拈来，多不胜数。

五是在汉魏时期以后，这个"道"字，又变成某一个宗教或某一个学术宗派的最高主旨，或是主义的代号和标志，例如"侠义道"或"五斗米道"等。到了唐代，佛家也用它来做代号，如"道在寻常日用间"。道家更不用说，把它视为唯我道家独有的道了。推而衍之，到了宋代，非常有趣的，在儒家学说学派之外，却另立一"道学"的名词，自以为在"儒学"或"儒林"之外，别有薪传于孔孟心法之外的"道学"的道，岂不奇而怪哉！

德

我们现代人，一看到"德"字，很自然地就会联想到"道德"，而且毫无疑问地，"道德"就是代表好人，不好的，便叫他"缺德"。其实，把这两个字联系在一起，是汉魏以后，渐渐变成口语的习惯，尤其是从唐代开始，把《老子》一书称作《道德经》。因此，道德便成为人格行为最普通又是最高的标准了。但是，根据传统的五经文化，又有另一种解释，"德者，得也"。这是指已经达到某一种行为目的，便叫德。根据《尚书·皋陶谟》篇中的定义，共有九德——九种行为的标准："宽而栗，柔而立，愿而恭，乱而敬，扰而毅，直而温，简而廉，刚而塞，强而义"。在《尚书·洪范》篇中，另外说到三德："一曰正直，二曰刚克，三曰柔克"。在《周礼·地官》篇中，又有讲到六德："知、仁、圣、义、忠、和"。

另外有关"德"字，在魏晋以后，因为佛教、佛学的普及，提倡"布施"，教导人们必须将自己所有，尽心施放恩惠，给予众生，这样才有修行的功绩基础。由此采用《礼记》上一个同义词，叫作"功德"。后代人们有时讲到"德"字，就惯性地与"功德"一词连在一起，所以附带说明，以便大家了解。

我们了解到上古传统文化对于"德"字的内涵以后，把它归纳起来，再加以简化一点来讲，"道"字是指体，"德"字是指用。所谓用，是指人们由生理、心理上所发出的种种行为的作用。这对于研究《大学》一书，是尤其重要的认识。不然，到了"明德"和"明明德"关头，就很容易模糊、混淆不清了。因为古文以简化为要，到了现在，中国人的教育，不从文字学入手，搞得自己不懂自己的文化，反而认为古人真该死，自己的传统文化真糟糕。

孔子为什么推崇尧、舜、禹、汤、文、武、周公？有道德思想，没有德业的成果，只能说他有道，不见得有德。有道德的思想，又有德业的成果，道与德配合，才叫"道德"。

历史上，道家、儒家都提到尧、舜、禹、汤、文、武、周公，是因为那时谈到"为政"，讲究"德"字。到秦、汉以后，只讲事功，所谓"三王之治在道德，五霸之志在事功"。王、霸之不同在于此，等而下之，连霸业都谈不上，连事功都没有，光是拿偷鸡摸狗的手段窃国而已。

天

"天"字，真是"我的天哪"！读古书，碰到这个"天"字，如果要仔细研究，也不是那么容易，同是一"天"，看它用在哪里，又是哪一"天"的意义。我们现在把它归纳起来，也与"道"字一样，有五个内涵。

一是指天文学上天体之天，也可以说，包括了无量无边的太空。可不是吗？外国叫航行太空，我们叫航天，并没有两样，各自文化不同，用字不同而已。这是科学的天。

二是宗教性的天，这是表示在地球人类之上，另外有个仿佛依稀，看不见、摸不着的主宰，叫它为天。在我们上古以来的传统习惯上，有时和"帝"字、"皇"字是同一意义。不过，"帝"或"皇"是把那个莫名其妙的东西，加上些人格化的意思而已。如果用"天"字，就抽象得多。在意识上，便有"天人之际"，自有一个主宰存在的意思。

三是形而上哲学的天，它既不代表陈列日月星辰的天体，统属于自然科学的范围，又不是宗教性的唯心之天。它既非心和物，又是心和物与一切万象的根源。它犹如萧梁时代，傅善慧大师所说的一首诗"有物先天地，无形本寂寥。能为万象主，不逐四时凋"的天。简言之，它是哲学上所谓的"本体"之天。

四是心理情绪上的天。它如一般人习惯性所默认的"命"和"运"关联的天。所谓"天理良心"，这是心理道德行为上所倚仗的精神的天。又如说"穷极则呼天，痛极则呼父母"，是纯粹唯心的天。

五是属于自然科学的范围，作为时间和空间连锁代号的天，例如一年三百六十五天，今天、明天、昨天，以及西天、东天等。

总之，先要了解这几个中国古书中，"天"字的差别意义，这在研究《中庸》一书时，更为重要。

大人

在中国传统文化的《礼记》中记载：古人八岁入"小学"。

先由学习洒扫应对开始,渐渐地学习"六艺"——礼、乐、射、御、书、数。

洒扫,是人生基本的生活卫生和劳作。应对,是人与人之间,所谓人伦之际的言语、礼貌、态度。

"六艺"所包括的内容很广。礼,是文化的总和统称。乐,是生活的艺术,当然也包括了音乐。射,是学习武功,上古的武器,以弓箭为主,所以用射箭的"射"字做代表。御,是驾驭马匹和马车等驾驶技能。书,是指文字学,包括对公文的学习。数,是指算术和数学,是上古科学的基本先驱。

由八岁入"小学",到二十岁已经不算是童子,在家族中,要举行"冠礼",算是正式成人了。但在"冠礼"之前,又有一说,十八岁束发,也算成人了。所谓"束发而冠"以后,再要进修就学,那就要学"大学"了。

《大学》,是不是古代所说的成之人学呢?或是如宋儒朱晦庵先生所注,含糊其词地说"大学者,大人之学也"呢?假定说,《大学》劈头第一句所说的"大学之道",确是指定是大人之学。那么,怎样才算是大人?或者如中国文化三千年来的习惯,凡是做官,甚至捐官并未补实缺的,都称作大人呢?但不管是曾子的原意,或朱熹的注解,《大学》一书,绝不是专门教做官做吏的人学习的。

从字源学上来看,"大人"这个名词,首先出现在中国文化宝典中，所谓群经之首的《易经》里，就有二十九处之多。例如，在《乾卦·九二》《乾卦·九五》"利见大人"，《升卦》的"用见大人"，《革卦·九五》"大人虎变"，等等。但很遗憾，在《易经》上，每次提到大人，也都没有确切的定义，是指做大官的大人，或是年龄成长的大人。但《乾卦·文言》上说："夫大人者，与天地合其德，与日月合其明，与四时合其序，与鬼神合其吉凶。先天而天弗违，后天而奉天时，天且弗违，而况于人乎！况于鬼神乎！"

这样的"大人"，连鬼神都无可奈何他，天也改变不了他，这又是个什么东西呢？说到这里，我先说一段往事。

当年我在成都时，曾经和一位宿儒老师——蓬溪梁子彦先生，畅论这个问题。梁先生的学问，是对朱熹的"道问学"和陆象山的"尊德性"的调和论者。可是我们经过辩证，他只有说：依子之见如何？我就对他说：如果高推《大学》《中庸》为孔门传承的大学问，那我便可说，《大学》是从《乾卦·文言》引申而来的发挥；《中庸》是从《坤卦·文言》引申而来的阐扬。《坤卦·文言》说："君子黄中通理，正位居体，美在其中，而畅于四肢，发于事业，美之至也。"梁先生听了说：你这一说法，真有发前人所未说的见地。只是这样一来，这个"大人"就很难有了。我说：不然！宋儒们不是主张人人可以为尧舜吗？那么，人人也即是"大人"啊！

梁先生被我逼急了，便说：你已经是这样的境界，达到这样"大人"的学养吗？我说：岂止我而已，你梁先生也是如此。他说：请你详说之。我便说"夫大人者，与天地合其德"，我从来没有把天当作地，也没有把地当成天。上面是天，足踏的是地，谁说不合其德呢！"与日月合其明"，我从来没有昼夜颠倒，把夜里当白天啊！"与四时合其序"，我不会夏天穿皮袍，冬天穿单丝的衣服，春暖夏热，秋凉冬寒，我清楚得很，谁又不合其时序呢！"与鬼神合其吉凶"，谁也相信鬼神的渺茫难知，当然避之大吉，就如孔子也说"敬鬼神而远之"。趋吉避凶，即使是小孩子，也都自然知道。假使有个东西，生在天地之先，但既有了天地，它也不可以超过天地运行变化的规律，除非它另有一个天地。所以说："先天而天弗违，后天而奉天时。"就是有鬼神，鬼神也跳不出天地自然的规律，所以说："而况于人乎！况于鬼神乎！"

我这样一说，梁先生便离开座位，抓住我的肩膀说：我已年过六十，平生第一次听到你这样明白的人伦之道的高论，照你所说，正好说明圣人本来就是一个常人。我太高兴了，要向你顶礼。这一下，慌得我赶快扶着他说：我是后生小子，出言狂放，不足为训，望老先生见谅，勿怪！勿罪！这一故事就到此为止，但梁先生从此便到处宣扬我，为我吹嘘。现在回想当年前辈的风范，如今就不容易见到了！

　　说到这里，我已经把《大学》里的"大人"说得很清楚了，如果还不了解，勉强下个定义吧！凡有志于学，内养的功夫和外用的知识，皆能达到某一个水准，即称之为"大人"。

（选自《原本大学微言》《论语别裁》）

五经与中国文化的精神

　　《礼记》中有一篇《经解》，对于五经做总评。这怎么说法呢？以现在的观念来说，就是对五经扼要简单的介绍，对《诗》《书》《易》《礼》《乐》《春秋》以一两句话批评了。

　　《经解》篇说："孔子曰：入其国，其教可知也。"意思是，到一个地方，看社会风气，就可知道它的文教思想。

　　《经解》篇接着说："其为人也，温柔敦厚，《诗》教也。"所谓诗的教育，就是养成人的温柔敦厚。讲到温、良、恭、俭、让这个"温"字，就得注意孔子所说诗教的精神。

　　"疏通知远，《书》教也。"《书经》又叫《尚书》，是中国第一部历史，也不只讲历史，还是中国历史文献的第一部资料。

　　现在西方人学历史（现在我们研究历史的方法，多半是由西方的观念来的），是钻到历史学的牛角尖里去了，是专门对历史这门学识的研究，有历史的方法，历史的注解，历史对于某一个时代的影响。

中国过去的情形，学术家与文学家是不分的，学术家与哲学家也是不分的。中国人过去读历史的目的，是懂得人生，懂得政治，懂得过去而知道领导未来，所以它要我们"疏通知远"。人读了历史，要我们通达，透彻了解世故人情，要知道远大。

这个"远大"的道理，我讲个最近的故事来说明。有一位做外交官的朋友出国就任，我送他一副对联，是抄袭古人的句子："世事正须高着眼，宦情不厌少低头。"一般人应当如此，外交官更要善于运用它。对于世局的变化，未来的发展，要有眼光，要看得远大。"宦情"是做官的情态，要有人格，尤其外交官，代表了国格，代表全民的人格，要有骨头，站得起来，少低头，并不讨厌"少低头"。不能将就人家，要怎样才做得到呢？就是懂得历史——疏通知远——这是《书经》的教育精神。

"广博易良，《乐》教也。"乐包括了音乐、艺术、文艺、运动等。在我们的传统文化中，这些都包括在"乐"里，也就是所谓育乐的要旨，以养成"广博"伟大的胸襟。"易良"就是由坏变好，平易而善良。

"洁静精微，《易》教也。"《易经》的思想，是老祖宗们遗留下来的文化结晶。我们先民在文字尚未发明时，用八卦画图开始记事以表达意思。什么叫洁静呢？就是哲学的、宗教的圣洁。"精微"则属科学的。《易经》的思想是科学到哲学，融合了哲学、科学、宗教三种精神。所以说"洁静精微，《易》教也"。

至于"恭俭庄敬，《礼》教也"，是人格的修养，人品的熏陶。

"属辞比事，《春秋》教也。"《春秋》也是孔子作的，也是历史。什么是"属辞比事"呢？看懂了《春秋》这个历史，可提供我们外交、政治，乃至其他人生方面的参考。因为人世上许多事情的原委、因果是没有两样的，所以常有人说历史是重演的。这是一个哲学问题，历史会重演吗？不可能。真的不可能吗？也许可能，因为古人是人，我们也是人，中国人是人，外国人还是人，人与人之间，形态不同，原则上却变不到哪里去，所以说历史是重演的。但是，不管历史重演不重演，尤其中国文化有五千年的历史，对于做人处世，处处都有前辈的经验。虽然古代的社会形态与我们的不同，原则上却没有两样，所以读了《春秋》，"属辞比事"，就知识渊博，知道某一件事情发生过，古人也曾有这样一件事情，它的善恶、处理方法都知道，这个就叫"比事"了，是《春秋》教也"。

任何学问，有正反两面，五经也如此。《经解》对五经的批评，正面反面都讲了。

"故《诗》之失，愚。"老是去搞文学的人，变成读书读酸了的书呆子，很讨厌，那就是笨蛋。就是告诉我们，要做到温柔敦厚而不愚。这样的人，才能爱任何一个人，爱任何一个朋友。所谓敦厚，对别人的缺点，容易包涵，容易原谅，对别人的过错，能慢慢地感化他，可是他并不是一个迂夫子，那么才是"深于诗者也"，这样才算是诗的教育。以下《书》《易》《礼》《乐》《春秋》，都是如此。

所以《经解》接着说："《书》之失，诬。"读历史要注意，尤其读中国史更要注意，因为宋朝的历史是元朝人编的，元朝的历史是明朝人编的，明朝的历史是清朝人编的。事情相隔了这么久，而且各人的主观、成见又不同，所以历史上记载的人名、地名、时间都是真的，但有时候事实不一样，也不见得完整。为了弥补这个缺陷，还要读历史的反面文章。反面文章看什么呢？看历朝的奏议，它相当于现代报纸的社论，在当时是大臣提出的建议和报告。为什么要提出建议和报告？可见所提的事出了毛病，否则就没有建议了。宋朝王荆公王安石就说过懒得读《春秋》，认为那是一本烂账簿。这也是认为"《书》之失，诬"的观念。

"《乐》之失，奢。"光是讲艺术等，又容易使社会风气变得太奢靡了。

"《易》之失，贼。"一个人如果上通天文，下通地理，手掐八卦，未卜先知，别人还没有动他就知道了一切，这样好吗？坏得很！"察见渊鱼者不祥。"如果没有基本的道德修养，此人就鬼头鬼脑，花样层出了。所以学《易》能"上通天文，下通地理"固然很重要，但"做人"更重要。如果做人没有做好，坏人的知识愈多，做坏事的本领愈大，于是就"《易》之失，贼"了。

"《礼》之失，烦。"礼很重要，过分讲礼就讨厌死了。等于说我们全照医学理论，两手就不敢摸面包。全听律师的话，连路都不敢走，动辄犯法。你要搞礼法，那烦透了。所以"礼"要恰到好处。

"《春秋》之失，乱。"懂了历史的春秋大义以后，固然是好，有时候读了历史又有问题。一个人不研究军事哲学，则这个人作为一个健全的国民不成问题，等到研究了军事哲学以后，相反地，他又容易闯乱。不会武术的人，最后可以寿终正寝；会了武术，反而不得好死，是一样的道理。

（选自《论语别裁》）

易：生生不息

《易经·系传》中说："生生之谓易，成象之谓乾，效法之谓坤。"

"生生之谓易"这一句话最重要了！中西方文化的不同点，可从《易经》文化"生生"两个字中看出来。《易经》的道理是生生，也只有《易经》文化才能够提得出来，西方没有。你们研究西方文化，基督教、天主教，《旧约》《新约》里头，伊斯兰教的经典里头，乃至佛教的经典里头也一样，一切宗教只讲有关死的事，都鼓励大家不要怕死。只有中国《易经》文化能说："一阴一阳之谓道。"死是阴的一面，也在道中；生是阳的一面，也在道中。

一切宗教都是站在死的一头看人生，所以看人生都是悲观的，看世界也是悲惨的。只有我们《易经》的文化，看人生是乐观的，永远站在天亮那边看。你说今天太阳下山了，他看是夕阳无限好，只是近黄昏，过十二个钟头，太阳又从东边上来了。这种生生不已，永远在成长、成长、成长……

所以我常说，倒霉的人，他的好运气就要来了。为什么呢？因为《易经》不是说"生生之谓易"吗？霉倒过就是好运，这是循环的道理。大家倒霉一来就怕啦，如果这样，你就被倒霉魔鬼吃掉了。要把"倒霉"当甘蔗吃，吃完了以后，下一步好的就来了。所谓"生生之谓易"是中国文化特殊的哲学观点，全世界文化都没有这种观点。所以我说，只有中国文化敢讲现有的生命，可以修到长生不死。这便叫作神仙！神仙的境界是"与天地同休，与日月同寿"。这个生命是永远的。

　　"生生之谓易"，再加上"成象之谓乾，效法之谓坤"，三句话连起来，就可以体会出这个本体的功能、道的功能了。道的功能永远是生生不已的，这就是易的作用，这是第一层功能。

　　"成象之谓乾"，乾代表天，构成了第一个现象。所谓天就是太空、虚空的整个现象，也包括天体上的太阳、月亮、星辰系统等，这是第二层功能。

　　"效法之谓坤"，跟着天体的法则而形成这个地球，才有了我们人类世界的乾坤，这是第三层的功能。这也就是老子思想所根据的"道生一，一生二，二生三，三生万物"，亦即所谓的生生不已。

　　在老子的思想中，道是一个名称，是假设的、不可见、不可知、不可说的。道在哪里可以见到呢？"藏诸用"，在用上见到它的体。那么什么是它的用呢？"生生之谓易"，道永远是生生不已的。道一动就是一，一当中就有二；一动就有阴有阳，就有正面、反面出来了。所以我们讲《易经》的数理哲学，与西方的数理哲学有个相同的地方，就是都认为宇宙万有开始于零。

零是什么意思？零就是一个圆圈，没有数，但大家不要误会了，没有数并不是了无一物。它却是无限的数、无量的数、不可知的数，不可见、不可尽，乃至无量无边，这就是零。老子"道生一，一生二，二生三，三生万物"，就是从这里来的。数理哲学最高的只讲到"三"这一步，而"四"是另一个哲学观念了。

那么宇宙有多少数呢？只有一个数"一"。永远是一，一加一叫作二，一加二叫作三；到了十又是一个一，到了百又是一个一，到了千又是一个一，到了万还是一个一……永远是个一，没有二，二是假定的。这就是数的道理。道生一，一生二，二生三，三生万物。

所以，"成象之谓乾，效法之谓坤"的一切道理，都在其中了。

（选自《易经系传别讲》）

出世与入世：孔子为什么不归隐

　　子曰："笃信好学，守死善道。危邦不入，乱邦不居。天下有道则见，无道则隐。邦有道，贫且贱焉，耻也！邦无道，富且贵焉，耻也！"

　　这个观念要配合《礼记》的《学记》和《儒行》两篇来研究。《学记》就是讲学问的目的是什么，这是中国文化传统精神。《儒行》是说一个知识分子应该怎样训练自己，形成自己的人格。人有很多种形态，形成各种不同的"人格"，并不要求各个一律。可是哪一种个性，适合哪一种学问，要怎样培养自己，都有一个标准。

　　现在孔子所讲的这一节，也等于《礼记》中《学记》和《儒行》两篇所讲的个人问题。"笃信好学，守死善道。"就是一个思想、一个信仰的问题。服从真理，要绝对笃信，还要好学。真理是不变的，不受时代环境的影响，不受区域环境的影响，也不受物质环境的影响。所谓"守死善道"就是守住这个信仰、这个主义，"善道"就是最好的道路、最好的思想原则。下面说到个人有了守死善道的抱负，就"危邦不入，乱邦不居"。这并不是滑头，而是保持文化的精神。危乱的时候，要有出世的修养，危险的地方不要去，因为这个地方的思想一定有问题，最好不去。动乱中的社会，不可以停留。"天下有道则见，无道则隐。"这两句话是中国人的隐士思想。说到这里，有个值得讨论的大问题。

中国的历史文化，素来认为儒家、道家是分途的，绝对不能合流。道家多半趋向于当隐士。说到隐士，问题就大得很。假使研究中国历史文化，就会感觉到一件事很古怪：学问越高，道德越高的人，多半是退隐了，不愿出名，乃至于最后隐姓埋名，连自己的真姓名都不要了。我们都知道张良的老师是黄石公，而黄石公只是一个代号，究竟是谁？没有人知道。因为他连姓名都不要了，对名利更看得毫无道理。可是这一类隐士思想，在中国古代，自上古以来，一直存在。这是道家走的路子。孔孟以后的儒家，则绝对反对隐士思想，而讲究用世之道，所谓学以致用。学问那么好，对社会国家要有贡献，认为退下来做隐士是不对的，这是后世的儒家思想。而后世儒家这种思想的依据，多半是提出孔孟的思想来反对隐士。事实上最能影响历代政治的，是隐士的思想。如果以西洋文化的政治思想来说，中国的隐士思想有点像所谓"不同意"的主张，但并不是"不合作"，"不合作"又是另外一个观念。西方文化现在还保留这一思想形态，如民主社会的投票，不投同意票，也没有投反对票，可就是不同意的意思，先保持自己的立场，这还只是勉强的比喻。可是中国历代政治受隐士思想影响非常巨大。

历史上有名的故事，如汉高祖时代的商山四皓。所谓皓是头发都白了的老头子。从秦始皇时候就当隐士不出来的四个老头子，学问很好，名气很大，道德很高，可是不出来。到了汉高祖的时候，年纪很大，须发都白了，被尊为四老。汉高祖当了皇帝，请他们出来，他们认为汉高祖不会礼贤下士。因为汉高祖好谩骂，喜欢开口说粗话，他还没有得天下以前，对跟着他的那些知识分子，看见他们就讨厌，把人家的博士帽子拿来当便器。陆贾劝他要尊重读书人，他说："乃翁天下马上得之。"照现代的白话："老子的天下是打来的，你们啰唆什么？"后来天下太平了，知识分子出来替他摆布了一下，他才尊重读书人。这也是陆贾告诉他"乃翁天下马上得之，不可马上治之"的善意结果。汉高祖是绝顶聪明的，他问该怎么办？告诉他要建立制度等。制度建立以后，第一次上朝，他坐在上面当皇帝，这个味道很好，这时才认为读书人有道理。于是礼请商山四皓出山，他们不答应。后来他要立太子传位时，宫廷中发生了一个大问题，汉高祖几乎要把吕后所生的孝惠帝——当时的太子——废掉，改立他所喜欢的戚姬所生的儿子如意为太子。

　　吕后问计于张良。张良就告诉吕后，只要孝惠帝——当时的太子把商山四皓请来，汉高祖就不敢废太子了。吕后果然教孝惠帝以卑辞厚礼把商山四皓请来为上宾。汉高祖见到这情形，就告诉戚姬，太子党羽已成，连自己请不到的商山四皓都请来了，改立如意为太子的事免谈了。这就看到政体问题、社会的思想问题，为什么学说思想对政治产生如此的影响，同时也说明了隐士的重要。

　　隐士们后来到魏晋被称为高士。有一本书名《高士传》。高士即高尚之士，学问很好，才干也高，也许出来可为治国的大才，可是一辈子绝不出来做事。当然，不出来也有好处，否则出来万一做不好，这一辈子英名也没有了。越不出来越高，有人一辈子做"高士"。到了宋朝则称"处士"。当然，有的处士是怕考试考不取，故意当处士不做官，不要功名富贵，因此名气越来越大。有时候皇帝特别起用，不经考试还可以做做官。当然真的处士还是有的，宋代有这样一位处士名叫杨朴，宋真宗请他，他不出来，后来硬是下命令给地方官，用各种方法，软硬兼施逼他出来了。到了京师，真宗对他很客气。问他说，先生一路来，一定有很多人送行，其中有好的诗吧！他说：只有我的老伴送了我一首诗。真宗说，夫人的诗一定很好，于是要他念出那首诗。"更休落魄耽杯酒，且莫猖狂爱咏诗。今日捉将官里去，这回断送老头皮。"真宗听了哈哈大笑，留他在京里玩了几天，就送他回去。他和同时的种放一样，都是真正的处士，硬是不想出来。

另外，像唐朝武则天时的卢藏用，因终南山地近京师，倡言隐居，结果被征召入朝为官，这又是处士的另一种手段了。所以后来成语所说的"终南捷径"就是指这么回事。陆放翁曾有一首是批评也是称扬隐士的诗："志士山栖恨不深，人知已是负初心。不须先说严光辈，直自巢由错到今。"

后世儒家认为这些"不同意"主义的隐士、高士、处士，很可恶，不应该。而认为有学问的人应该对社会国家有所贡献，为什么一辈子做学问不肯出来？他们就说孔子是骂隐士的。在后面的《论语》中，我们可以看到，孔子碰到好几个当时的隐士，都挨了骂。那么孔子挨了骂后怎么讲呢？孔子说"鸟兽不可与同群"，后世的儒家就引用这句话，解释为孔子不同意这些人，骂他们是鸟兽。这个话解释错了。实际上孔子的思想，对隐士非常崇敬。所不同的是孔子的圣人胸怀，对于社会国家，是"知其不可为而为之"，虽然知道挽救不了，可是他硬要挽救，做了多少算多少。孔子所以为圣，就在这里。明知道这个人救不起来，我尽我的心力去救他，救得了多少算多少，这是孔子之圣。隐士们的道家思想，则救不起来就不救。这是中国思想的两大主流。

道家对时代思想的潮流，视之如山洪的暴发，挡是挡不住的，一定要去挡就是傻子，必定被冲走。如要挽救的话，就估计山洪的力量到什么时候，什么地方衰微下去，先到那衰微处的下游，稍稍一引导，就引进了河川渠圳。儒家的思想则不然，对于时代的趋势，也视如山洪暴发，挡是挡不住，但是要跟着这股山洪旁边跑，在沿途看到洪流中的人，救一个算一个，一直到某一有利的形势，将洪水导入河川渠圳。这两种思想都对。孔子认为道家走隐士路线，站到下游去等待也没错。所以他讲"鸟兽不可与同群"，这句话仔细一研究，孔子是赞成的，并不是反对。鸟类是高飞的，要高飞的就高飞去吧！野兽是生活在山林里的，自然就在山林过它们的生活。而我是人，既不能高飞，也不想入山林，我就做点人世间的事情吧！

　　一个为人类国家社会的人，不问眼前的效果，只问自己应该做不应该做。甚至今天下的种子，哪一天发芽，哪一天结果，都不知道。下了种子，终有一天会有成果的。从这里我们想到，孔子的思想，几千年以来，始终成为国家民族文化的中心，的确是有它千古不灭的价值的。

（选自《论语别裁》）

十六字心传与道统

　　《孟子·尽心》是孟子整个学术思想的中心，也就是后世所谓的孔孟心传，是构成中国文化的中心思想之一。这一贯的中心思想，绝对是中国的，是远从五千年前，一直流传到现在的，没有丝毫外来的学说思想成分。所以后世特别提出，中国圣人之道就是"内圣外王"之道的心传。历史上有根据的记载，是在《尚书·大禹谟》上，其中有帝舜传给大禹的十六个字："人心惟危，道心惟微，惟精惟一，允执厥中"。这是佛学进入中国之前的一千多年，儒、道两家还没有分开时的思想。在一两千年之后，到了唐宋的阶段，就有所谓的"传心法要"。当时圣人之所以为圣人，就是因为得道；那时所谓道的中心，就是"心法"。

　　这十六字的心传，含义非常广泛。我国的文字，在古代非常简练，一个字一个音就是一个句子，代表了一个观念。

　　"人心惟危"的"惟"字，在这里是一个介词，它的作用，只是把"人心"与"危"上下两个词连接起来，而本身这个"惟"

字，并不含其他意义。例如我们平时说话"青的嗯……山脉"，这个拖长的"嗯……"并不具意义。至于下面的"危"字，是"危险"的意思，也有"正"的意思，如常说的"正襟危坐"的"危"，意思就是端正。而危险与端正，看起来好像相反，其实是一样的，端端正正地站在高处，是相当危险的。也因为如此，外国人认起中国字来，会觉得麻烦，但真正依六书的方法，以"小学"功夫去研究中国字的人，越研究越有趣。

《尚书》里说"人心惟危"，就是说人的心思变化多端，往往恶念多于善念，非常可怕。那么如何把恶念变成善念，把邪念转成正念，把坏的念头转成好的念头呢？怎么样使"人心"变成"道心"呢？这一步学问的功夫是很微妙的，一般人很难自我反省观察清楚。如果能够观察清楚，就是圣贤学问之道，也就是真正够得上人之所以为人之道。所以道家称这种人为真人，《庄子》里经常用到真人这个名词；换言之，未得道的人，只是一个人的空架子而已。

人心转过来就是"道心"。"道心"又是什么样子呢？"道心惟微"，微妙得很，看不见，摸不着，无形象，在在处处都是。舜传给大禹修养道心的方法，就是"惟精惟一"，只有专精。舜所说的这个心法，一直流传下来，但并不像现在人说的要打坐，或佛家说修戒、定、慧，以及道家说练气、炼丹修道那个样子。

什么叫作"惟精惟一"？发挥起来就够多了。古人为了解释这几个字，就有十几万字的一本著作。简单说来，就是专一，也就是佛家所说的"制心一处，无事不办"或"一心不乱"，乃至所说的戒、定、慧。这些都是专一来的，也都是修养的基本功夫。后来道家常用"精""一"两个字，不带宗教的色彩。"精""一"就是修道的境界，把自己的思想、情感这种"人心"，转化为"道心"。达到了精一的极点时，就可以体会到"道心"是什么，也就是天人合一之道。而这个"天"，是指形而上的本体与形而下的万有本能。

得了道以后，不能没有"用"。倘使得了道，只是两腿一盘，坐在那里打坐，纹风不动，那就是"惟坐惟腿"了。所以得道以后，还要起用，能够做人做事，而在做人做事上，就要"允执厥中"，取其中道。怎么样才算是"中道"呢？就是不着空，不着有。这是一个大问题，在这里无法详细说明，只能做一个初步的简略介绍。

中国流传的道统文化，就是这十六字心传，尧传给舜，舜传给禹。后世所说的，尧、舜、禹、汤、文、武、周公、孔子，一直到孔子的学生曾子、孔子的孙子子思，再到孟子，都是走这个道统的路线。以后讲思想学说，也都是这一方面。

不要忘记，这个道统路线，与世界其他各国民族文化是不同的。中国道统，是人道与形而上的天道合一，叫作天人合一，是入世与出世的合一，政教的合一，不能分开。出世是内圣之道，入世是外用，能正心、诚意、修身、齐家、治国、平天下，有具体的事功贡献于社会人类，这就是圣人之用。所以上古的圣人伏羲、神农、黄帝，都是我们中华民族的共祖，他们一路下来，都是走的"内圣外王"之道。

到了周文王、武王以后，"内圣外王"分开了，内圣之道就是师道，是传道的人，外用之道走入了君道。其实中国政治哲学思想，君道应该是"作之君，作之师，作之亲"的；等于说君王同时是全民的领导人，也是教化之主，更是全民的大家长，所以说是政教合一的。

如果有人问中国文化的根本中心是什么？只有一个字——"道"，不是道家的道，这个道是中国原始的，五千年前就有了。代表什么？宗教、哲学、科学，一切文化、艺术、经济都包括在内，给它一个总体名称叫"道"。

我们后来研究自己的历史，发现一个阶段一个阶段地演变，一开始是道的阶段，慢慢人口变多了，社会繁华了，但不能说社会进步了，因为所谓的"道"退步了，变成了"德"，道以后才有德。德过了以后，社会的演变，人类的发展，一路茫然下来，这个时候开始有仁义，儒家孔孟之道讲仁讲义，社会再接着发展下来。到后来仁义也不行了，就变成礼治，由礼而形成法治，也就是政治体制。社会的风气就是这样演变的，礼法以后一直延续到现在。

（选自《孟子与尽心篇》《廿一世纪初的前言后语》）

孝道：守身是前提，大孝于天下

我们知道中国文化经常讲孝道，尤其儒家更讲孝道。把四书五经编辑起来，加上《孝经》《尔雅》等，汇成一系列的总书叫十三经。《孝经》是孔子学生曾子著的，我们要研究孝道，就必须看孔子思想系统下的这部《孝经》。《孝经》中说什么样子才是孝呢？不单是对父母要孝，还要扩而充之大孝于天下，爱天下人，谓之大孝。

为政的人以孝子之心来为政，也就是我们所讲公务员是人民公仆的道理一样的，所以后来发展下来，唐宋以后的论调："求忠臣必于孝子之门。"一个人真能爱父母、爱家庭、爱社会，也一定是忠臣。因为忠臣是一种情爱的发挥。假使没有基本的爱心，你说他还会对国家民族尽忠吗？这大有问题。关于"忠"字有一点，是古人讲的："慷慨捐躯易，从容就义难。"慷慨赴死是比较容易的，"从容"——慢慢地来，看他愿不愿意死，这就很难说了。所以说忠臣必出于孝子之门，要有真感情、真认识的人，才能够尽忠。

孔子说："君子笃于亲，则民兴于仁。"如果对于自己的父母、兄弟、姊妹、朋友都没有感情，亲情不笃，而要他爱天下、爱国家、爱社会，那是空洞的口号，是不可能的。说他真的有爱心，他连父母、兄弟、姊妹、朋友都没有爱过，怎会爱天下、国家、社会？或者说私事不爱而爱公众，事实上没有这回事。爱天下国家，就是爱父母兄弟的发挥。所以说笃于亲者，不怕人自私爱自己的父母兄弟。儒家讲爱是由近处逐渐向外扩充的，所以先笃于亲，然后民兴于仁。从亲亲之义出发，整个风气就是仁爱，人人都会相爱。

我们读历史晓得一句话，就是最怕世家公子当政"不知民间之疾苦"。所以为政的道理，要知道民间疾苦，晓得中、下层社会老百姓的苦痛在哪里。所以爱天下人，就要知道天下人的疾苦，如父母了解子女一样。

中国文化，对于家庭教育来讲，素来就有以"忠孝传家"相标榜的，可见中国文化把孝道看得严重，这个我们就要先懂得中国整个的历史文化了。中国这个民族，这个国家，与欧美各国都不同。所以这几天，几个在外国留学返国的学生来看我，大谈欧美情形，一位在德国念了博士以后，现在又学精神分析的学生说，在外国看了这么多年，结果证明我几年前告诉他们的话没有错。

中国以农立国，有一个文化精神与西方根本不同，那就是中国的宗法社会。三代以后，由宗法社会，才产生了周代的封建。一般讲的封建，是西方型的封建，不是中国的封建，把中国封建的形态，与西方文化封建的奴隶制度摆在一起对比一下，就看出来完全是两回事，完全搞错了。

中国的封建是由宗法形成的。因为宗法的社会，孝道的精神，在周以前就建立了，秦、汉以后又由宗法的社会变成家族的社会，也是宗法社会的一个形态，那么家族的孝道，把范围缩小了，但精神是一贯的。这个"孝"字也是我们刚刚提到的，是人情世故的扩充，把中国这个"孝"字，在政治上提倡实行而蔚为风气是从什么时候开始的呢？是在西汉以后魏晋时代正式提倡以孝道治天下。

我们看到二十四孝中有名的王祥卧冰，他就是晋朝的大臣。晋朝以后南北朝、唐、宋、元、明、清一直下来都是"以孝治天下"。我们看历朝大臣，凡是为国家大问题或是为爱护老百姓的问题所提供的奏议，很多都有"圣朝以孝治天下"的话，先拿这个大帽子给皇帝头上一戴，然后该"如何如何"提出建议，这是我们看到中国文化提倡孝的好处、优点。

孟子曰："事，孰为大？事亲为大。守，孰为大？守身为大。"孟子说：天下什么事情最重要？事亲最重要，就是怎么安顿父母，才是最重大的事情。

守的方面，又以什么最重要呢？守，不是说家里有许多黄金美钞，要守住它，连上课都不上了，这并不是守。守，是操守，就是人格的建立。例如佛家、道家讲究守戒律，基督教也要奉行十诫，世界上各种宗教都有它们的戒律。戒律就是操守，一种人品的、行为的标准，然后坚持此一标准，使自己的品格、行为不致下降，这就叫作真正的"守"。

中国文化中有一个成语"守身如玉"。这句话，在古代不一定是对女子的贞操而言，对男子也是一样的。一个人对于自己的人格行为标准，要坚守下去，如同玉一样的洁白，才算珍贵；如果稍有瑕疵，就失去价值了。明代洪自诚（应明）的《菜根谭》里，有两句话："声妓晚景从良，一世之烟花无碍；贞妇白头失守，半生之清苦俱非。"这个正反两面的比喻，把"守"的重要，说得非常具体而透彻。但是我们要注意，我们借用洪先生这两句话，只是做比喻，并不代表我们是贞节牌坊的拥护者。

一个人立身处世，要有一个立脚点，以现代的观念来说，一个年轻人，要先建立自己的人生观，知道自己要做什么。年轻人一生有没有事业，不是问题；一生有没有事业心，才是问题。虽然有事业心，不一定能够做得成事业；但是如果没有事业心，就如同已经被丢进字纸篓的考卷一样，这个年轻人几乎是报废了。

事业心的基础在于仁心，一个人如果没有救人救世之心，在思想上就没有建立一个中心，即使事业做得再大，百年之后，也只是黄土一堆。宋代名臣范仲淹曾说："不为良相，即为良医。"他就有救人救世之心，也就是孙中山先生说的"立大志，做大事，不是做大官"，这都是同样的道理。

守身，就是这种道理，所以孟子说"守身为大"，在守的方面，以守身最重要了。

"不失其身而能事其亲者，吾闻之矣；失其身而能事其亲者，吾未之闻也。"孟子又说，一个人，在他的时代中，能够有人格、有操守，而又能尽到孝道的，我是听到过的，历史上是有这样的人物。孟子那个时代，有这样的人物，而在几千年后的今天，也有这样的人物。

像宋代的文天祥，是非常值得我们佩服的，但是如果以私人家庭的孝道来说，他因为抗元，救国家民族的危亡，为了尽忠臣道的节义，不肯投降，不但自己死了，还牵连到家人。假如他投降了，则能与家人安享荣华富贵。他的作为，从小处低处看，又似乎不孝了。

《孝经》的观念："大孝于天下"。为了救社会、救国家、救民族，即使牺牲了自己，牺牲了家庭，也仍然是个大孝子。

当然，一个普普通通，既无才华，又无责任的人，而说为了救社会、救国家、救天下世人而去跳楼自杀，以醒世俗，那可不是孝子，而是疯子。

所以，在中国文化源流的《易经》中，注重两个字，一个"时"，一个"位"，用现代语来说，就是时间与空间的因素。一个人处身在某一位置上，负了一定的责任，在刚好遇上某种情况时，而为社会、国家、天下人类牺牲，那才是对的。不在那个位置，不在特殊的时机，虽有救人救世之心，做法应该两样。也就是每人要在自己的本位上，为救世救人，去做出最适当的、效益最大的事来，这才是对的，这就是孝。

　　　　　　　　　　　（选自《论语别裁》《孟子与离娄》）

横渠四句：知识分子的责任

《孟子·尽心上》里说："夫君子，所过者化，所存者神，上下与天地同流，岂曰小补之哉。"

这一段话，要特别注意，尤其是青年朋友们，是挑起民族承先启后责任的人，凡是中华民族的子孙，都要挑起这个责任。

一个知识分子，担负有国家民族文化的责任，对于道德的修养，人文修养，要做到"所过者化"，才合于继祖承宗的标准，也就是要做到内圣外王。真正的圣人，大家就自然受他的影响，受他的感召和教化；口头的教化是言教，更重要的是身教。身教是以自己的行为影响别人，超过了言教，但还是不够，要能够做到"所过者化"。

可是如何化呢？"所存者神"，到达神化的境界，就是由精神的感召，改变了别人的心理与行为，只要他人在那里，一般人就会对他肃然兴起恭敬，就像对庙宇中的菩萨，或供奉的神明，或教堂中的十字架一样，戒慎之诚。

一个人学问道德修养的目标，如果不能达到这个程度，那是可耻的。孟子曾说人贵知耻，假如做到了"所过者化，所存者神"，他的成就能"上下与天地同流"了。

　　说到"同流"，使人容易想起一个成语"同流合污"，那是狭义的看法，是一个坏的状况；但从广义着眼，天地生长一切万物，有好的，有坏的，的确是"同流合污"的。但天地并没有对万物分好坏，毒药可以致人以死，但有时也可以治病。万物因时间、空间、物件、环境的不同，使用的动机方法不同，才有是非善恶好坏的差别。"同流"就像海洋一样，充满了生机；学问道德修养的目标，就是要达到这样的境界，向这一目标努力。所以孟子最后说，"岂曰小补之哉"，人不要轻视自己，尤其一个知识分子，不要轻视了自己的责任，要立志对社会有贡献，对宇宙有贡献，有天地一样的胸襟。

　　宋代大儒张载（横渠先生）说："为天地立心，为生民立命，为往圣继绝学，为万世开太平。"这四句名言已成为宋代以后中国知识分子共同的目标。学者为这目的而学，应该如此。

　　谈到这位先生，是孔孟以后的儒家，宋明理学家中，影响力很大的一位。他年轻时等于是一个太保，意气非常盛，身体棒，思想开阔，喜欢闹事。后来范仲淹带兵在陕西经营边陲的时候，张横渠才二十多岁，年纪很轻，奔往前线，要投军参加作战。范仲淹见他一表人才，约他谈话，劝他回去读书，告诉他将来报效国家的机会很多，等到书读好，慢慢再来，同时将一本《中庸》交给他。那时他应该已经读过这本书了，可是范仲淹要他再读，告诉他其中自有他的千秋事业，自有他的天地。

张横渠听了范仲淹的话，回去再读《中庸》，从此放下一切，专心求学问，后来成为一代名儒。宋代几位大儒，事实上受范仲淹的影响都很大。范仲淹在前方，出将入相，以文人当统帅，他难道不希望培养好的军事人才？但他一看，张载这个人才不是将才，是对后世思想有贡献的人，不能这样埋没，就马上用这个教育方法培养张载。果然后来影响中国文化思想那么大，尤其张载所标榜的那四句话，非常深远。

凡是知识分子，应该有这样的志向和抱负。出世修道，也同样是"为天地立心"。因为维持文化精神的人，虽寂寞穷苦，但是他们是"为天地立心"；而那些延续人类文化于不坠的人，就是"为生民立命"，在佛学上讲，就是延续"慧命"。

"为往圣继绝学"，就是今日我们所说的孔孟之道，这是我们中国的文化。说来非常可悲，已经是命如悬丝了。这一民族文化的命运，如千钧的重量，只有一根丝在吊住，连我们这些不成器的人，也被称作学人。而我们自己反省，并没有把文化工作做好，而且白发苍苍，垂垂老矣。再往后看，还未曾发现挑起"为往圣继绝学"责任的人，所以青年人要立志承先启后，而且能继往才能开来。

（选自《孟子与尽心篇》《论语别裁》）

第四章

为什么有家有国，却没有社会

男女、五伦与社会

孔子在《易经·序卦》中说："有天地然后有万物，有万物然后有男女，有男女然后有夫妇，有夫妇然后有父子，有父子然后有君臣，有君臣然后有上下，有上下然后礼义有所错，夫妇之道不可以不久也，故受之以恒，恒者久也。"

在大学里上课，有些同学问起，恋爱哲学是什么？我告诉他们，我爱你就是我爱你，不爱你就不爱你，爱就是自私的，恋爱没有什么哲学。但是孔子讲得妙，他说有了天地就有万物，有了万物就有男女。既不是上帝造的男人，也不是上帝从男人身上拿出一根肋骨来造女人，而是有了万物，其中就有男人、女人。一部人类史，就是两个人唱的戏，唱了千万年。有了男女，自然就会结合，就会谈恋爱，变为夫妇，并不是偷吃了苹果才变成夫妇。就是说，人类社会，只有四个字——"饮食""男女"两件事：一是需要活着的问题，一是两性需要的问题。

读《诗经》的第一篇，大家都知道的"关关雎鸠，在河之洲。窈窕淑女，君子好逑"。孔子为什么要把讲男女相爱的诗列作第一篇呢？人生：饮食男女。形而下的开始，就是这样。人一生下来就是要吃，长大了男人要女人，女人要男人，除了这个以外，几乎没有大事。所以西方文化某些性心理学的观念强调世界进步，乃至整部人类历史，都是性心理推动的。

《易经》上也点明了这两件事，上面说了人事历史发展的关系，下面说有了男女，就自然有夫妇，有了夫妇就自然形成家庭，自然生孩子，生了孩子自然有父子。所以这是五伦的道理。上述这些是自然现象，社会扩充了，就有人，大家都是人，某人人好一点，选他做领袖，他就是君，我们听他的，我们就是臣，社会的程序就成了。

孔子集上古文化的大成，以孝为一切德行的根本。他的学生曾子，在《大学》上，便以修身、齐家，为内圣外王的枢纽。他的孙子子思，也把明诚之教，归本于孝悌之行。从此拓展出了中国以孝义治天下的特殊文化。

这种文化正像一个十字架，以自己为中心，上孝父母而及于天，下爱子女以垂万世；两旁以兄弟、姊妹、夫妇而及于朋友；这个十字架不是宗教的，而是伦理的，它是中国社会的缩影，是中国文化的象征。

我们讲中国的伦理学，伦理就是人类社会的一个秩序、一个规范。我们中国讲伦理有五伦，就是君臣、父子、兄弟、夫妇、朋友。换句话说，就是人类社会中人际关系的分类。

君臣在古代的，就是长辈与后辈的关系。古代这个"君"字不一定指皇帝哦，"君"字照篆字的写法是个拐棍，下面一个口，代表一个人年纪大了，拿个拐棍，年高德劭，有资格，可以为君，可以做领导人，后来专门用于做皇帝了。父子、兄弟、夫妇、朋友，大家都了解。曾经有一个哈佛大学的教授跟我谈过这个事，他说：你们这个《大学》《中庸》，我非常佩服，可是缺乏一个社会问题。后来我告诉他，所谓齐家就是社会，不是现在两夫妻的小家。中国讲家庭，是几代同堂、几百人在一起的大家族，所谓齐家是齐那个家，那就是社会，朋友也就是社会。

《易经》告诉我们，人类的五伦，不是勉强形成的，不是法律规定的，这是人性的本来，人性走正理，自然发生的。有男女，自然有夫妇，有夫妇自然有父子，有了许多夫妇、父子，自然形成社会，有了社会组织，自然有阶级。有的阶级是自然形成的，有所谓君臣就自然分上下，有了上下就产生文化、产生礼仪。

（选自《易经杂说》《论语别裁》
《中国文化泛言》《列子臆说》）

家：古代社会的基本结构

祠堂曾是社会安定的基石

我曾经多次提醒大家注意，中国传统文化中的"齐家"，并非西方小家庭的家，也不是二十世纪后期中国新式的家。古代传统文化的家，其主要是指"宗法社会"和"封建制度"相结合的"大家庭""大家族"的家。它本身就是"社会"，所以过去中国文化中，再没有什么另一个"社会"名称的产生。如果把"大家族"的"社会"，与另一个家族或其他许多家族的社会联结起来，就是另一个团聚的名称"国"了。因此，由上古以来到后世，便正式成为"国家"名称出现了。

古代所谓的家，是由"高、曾、祖、考、子孙"五代一堂贯串上下的家。但这还是偏向于以男子社会为中心的家。如果再加上由女子外嫁以后，所谓姑表姨亲等关联的家族相连接，构成一幅方圆图案的家族社会，再加上时代的累积，那么岂止五百年前是一家，几乎整个中国本来就是一家人，这是一点都不错的。所以从中国上古的"武学"与军事发展来讲，古代俗话所说的"上阵需要亲兄弟，打仗全靠子弟兵"的这种观念，也都从"宗法社会"的家族传统文化所形成。例如民间小说或旧式戏剧中所推崇的"杨家将""岳家军"等，也都是由这种"家族"观念所产生的荣誉。如果随随便便说它是落伍的陈旧"封建"意识，应该打倒，才能使社会有新的进步，似乎未必尽然，还须仔细研究，再做定论。

"大家族"的"家族"观念，在中国文化中植根深厚，它影响了东方的亚洲，如朝鲜、日本，乃至东南亚各地。它也是民族主义和民族共和思想的根源。尤其在中国本土，直到现在，如果深入研究各个地方的"祠堂"和"族谱"，那种"慎终追远"的精神，以及旧式"祠堂"家族的"家规"，你就可以了解为什么古代政治制度，从政的官员那么少，社会治安、保安人员等于零，它用什么方法、什么体制，能够管理好那么一个偌大的中国。

我们现在再举一个三百多年前的例子来说，当明末清初时期，满族在东北，一个寡妇孤儿，率领十来万满蒙军队，其中包括少数的汉军，就能轻轻易易地统治中国上亿的人口。他们靠的是什么？并非全靠杀戮，也不是全靠严刑峻法。他们真正了解文化统治的重要。由康熙开始，他已经深深知道儒家学说的"齐家、治国"的重心。因此，他颁发"圣谕"，要民间知识分子的读书人秀才们，每一个月的初一、十五在乡村的祠堂里讲解"圣谕"，极力推行、提倡儒家的孝道，以及把儒学作为戒条式的律令。后来到了雍正手里，又重新扩充了康熙的"圣谕"，成为《圣谕广训》。他们了解"社会教育"的重心，是在形成整个社会的循规蹈矩的道德风气，而达到不言之教、不令而威的效用。

你们年轻人不会知道，我是从小亲眼看见过在偏僻的农村里，如果一个青年有了不规矩的行为，偷了别人家的鸡，或有了男女的奸情，告到族长那里，如果情节重大，大家要求族长打开祠堂门，当着列祖列宗的牌位来评理处置，那就非常严重了。这个子弟如不逃走，也许会被"家法"（祖宗前面的红黑棍子）打死，至少是当众出丑，永远没脸见人。

后来，在对日抗战初期（1937年），我到四川，有一位青年朋友，四川彭县（今彭州市）人，跟我一起做事久了，他常常苦苦要求我为他报仇。你说，他要报什么仇？他要杀人放火，烧掉家乡别家的"祠堂"，要杀掉那一姓的"族长"及有关人士。为了什么呢？因为他与这家的小女私相恋爱，被他们发现了，认为太不要脸，太丢家族的面子了，所以要把他两人抓住活活打死。结果男的逃掉了，后来就是我的朋友。女的被抓住了，由"族长"当众决定，把她活埋了。因此，他日夜想要报仇杀人。后来我总算用别的方法，化解了他的仇恨，使他另外安心成家立业。当然这些例子不多，但由家族制度所发生的流弊也不少。你们也都看过很多现代文学大师的社会小说，也就约略可知旧式"家庭"和"大家族"阴暗面的可厌可恶之处，必须加以改革，但这也是"法久弊深"的必然性，并非全面，也不可"以偏概全"，便认为是毫无价值的事。

"大家族"的宗祠，它不是一种法定的组织，它是自然人血缘关系的"标记"，是"宗法社会"精神的象征，是"宗族"自治民主的意识。有的比较富有，或者宗族中出过有功名、有官职的人，也有购置"学田""义田"，把收入作为本族（本家）清寒子弟读书上进的补助。祠堂里必要时也会让赤贫的鳏、寡、孤、独的宗亲来住。当然，族里如果出了一个坏族长，也会有贪污、渎职、侵占的事。天下任何事情，有好处就有坏处，不能只从单一方面来看整体。

"社会福利"工作由来已久

从社会学的立场来讲，几千年来的中国文化，似乎缺乏"社会"团体这一门思想学术，甚至孔孟儒家的学说，如《大学》《中庸》，也根本没有提到"社会"的观念，更没有什么"社会福利"思想。当年我在听"社会福利"这一门课，刚由美国输入中国，非常新颖时髦。我一边听课学习，一边就提出不同意见。我说，在传统的中国文化中，有关"社会福利"问题，从我自幼接受的传统教育开始，早已深深种下这一门课的种子。大体来说，如恤老怜贫、敬老尊贤、存孤敬寡等，都是幼少教育的重点。而且在儒、释、道三家的学说中，以及其他诸子百家，统统有从"社会福利"出发的理论和名言。只是大家不懂中国"社会学"历史的发展，没有像西方二十世纪以来的文化，由资本主义的经验，转变成为新时代劳工福利，推广到所有"社会福利"的实验方法而已。

我只听了几堂课以后，那位在美国留学回来的博士教授，就约我大谈其中国历史上有关"社会学"的知识。后来干脆请我演讲"中国特殊社会史的演变"的专题。"特殊社会"是我当时新创的名词，因为从战国时期的墨子开始，几千年来，都存在这种"社会"。即使如西洋各国也同样存在。渐渐演变，就成为近代史上的"帮会"了。

除了"宗法社会""大家庭"的精神遗风，演变成为"宗族"的宗祠（祠堂）之外，由南北朝、唐、宋以后，中国社会佛道两家的寺、院、庵、堂、道观等，都是有形无形地兼带着在做"社会福利"工作。韩愈当时反对迎佛骨，接着便写了《原道》等大文章，反对佛、老，更反对一般人去出家做和尚、做道士，认为是不事生产、"无父无君"的不忠不孝。

这个观点，从政治文化的立场来说，一点没有错，但从整个"社会"的观点来说，也未必尽然。过去帝王封建时代的中国，并没有专管"社会福利"的机构，如果没有这些寺、院、庵、堂、道观来收容那些鳏、寡、孤、独的人，试问皇帝们、大臣们，包括韩愈老夫子，谁又来照顾他们呢？社会上的人，到了某一环境，的确都有"家何在"的情况啊！

齐家之难

在中国，"宗法社会"和"家族"所形成的"大家庭"观念，有四五千年前的传统，在唐宋时期最为鼎盛。最有名也最有代表性的历史故事，就在唐高宗李治时代。公元六六六年，高宗到山东泰山去，听说有一位九代同居的老人，名叫张公艺，便很好奇，顺道去他家里看看，问他是用什么方法，能够做到九代同居而相安无事的。这位张公艺请求皇帝给他纸笔，要写给皇帝看。结果，他接连写了一百个"忍"字。高宗看了很高兴，就赏赐他许多缣帛。后来就成为历史故事的"张公百忍"。

不知道当时的张公艺是有意对高宗的启示，或是对高宗的警告，无论怎么说，他却无意中帮忙了武则天。同时，也确实是他由衷的心得，说明做一个"大家庭"的家长等于是担任一个政府机构、大公司的主管，也犹如一国家的领导人，自己要具备巨大的忍耐、莫大的包容，才能做到"九代同居"，相安无事。

大家须要明白，我们中国由上古开始，地大人稀，而且历来的经济生产全靠农业为主，土地与人口就是生产经济、累积财富的主要来源。在周秦时期，封建诸侯的政治体制上，也多是重视人口。秦、汉以后，封侯拜相乃至分封宗室功臣，也都以采地及户口为受益的标准。所谓"万户侯"等的封号，都是对文武臣工等最有诱惑力、最要得到的大买卖。因此，人人都以多子多孙是人生最大的福分。当然，户口人丁的众多，是生产力和财富的原动力，不免形成大地主剥削劳动人工、压迫小民的现象。但并不像当时西方的奴隶制度，其中大有差别，不可混为一谈。我不是赞赏那种传统习俗，只是在历史学术上的研究，是非同异必须说明清楚，提醒大家在做学问、求知识方面的注意而已。

同时，说明由于"宗法社会""家族"的传统，形成后世"大家庭""大家族"的民情风俗，产生贵重多子多孙的结果。人们要想教育管理好这样的一个"大家庭"，比起管理一个社会团体、一个庞大的工商业集团，甚至比起管理一个国家的政府（朝廷），乃至现代化的政党，还要困难复杂得多。因为治理国家、政党，管理社团，大体上说来，只需要依法办事、依理处事，"虽不中，亦不远矣"。至于公平公正、齐治一个"大家庭"或"大家族"，它的重点在一个"情"，所谓骨肉至亲之情上面，不能完全"用法"，有时也不能完全"论理"，假定本身修养不健全，以致家破人亡、骨肉离散，也是很平常容易的事。

举例来说，在过去的社会里，一对夫妻生了三个儿子、两个女儿，几乎屡见不鲜，是很平常的事。甚至愈是偏僻农村的贫苦人家，愈是生一大群子女，比富有城市人家更会生产人丁。其中原因，并不只是饮食卫生等问题，包括很多内容，一时不及细说。但古代的传统，除了原配的夫妻以外，还准许有三妻四妾，所以稍稍富裕的家庭，以儿女成行来计算，还不止三个五个，或十个来算人口的。

如果只以一夫一妻来说，他们生了五个儿子，讨了五个来自各个教养环境的媳妇，在兄弟媳妇之间，互相称作"妯娌"。每个媳妇的个性脾气、心胸宽窄、慷慨悭吝、多嘴少话，个个自有各的不同。而五个儿子之间，由父母遗传的生性并不是一模一样。假如和父母一样，就叫"肖子"，肖，是完全相像的意思；和父母不一样，则叫"不肖"。人不一定都是"肖子"。所谓"一娘生九子，九子各不同"。也就是说和社会上的人群一样，智、贤、愚不同，良莠不齐。再配上五个不同的媳妇，单从饮食衣着上的分配，甚至彼此之间对待上下的态度等，任何一件小事都有随时随地的是非口舌。如果发生在外面社会上的人群，还可忍让不理，躲开了事。这是昼夜生活在一个屋檐底下的人家，你向哪里去躲？

倘使还有三五个姊妹未出嫁，日夜蹲在家中的大姑、二姑、小姑等，不是父母前的宠女，至少也是娇女，对"妯娌"兄嫂、弟媳之间，对哥哥弟弟之间的好恶、喜怒、是非，乃至为了一点鸡毛蒜皮的事，可以闹翻了天。还有能干泼辣的姑娘，虽然嫁出去了，碰到夫家是有权有势的家庭，或是贫寒守寡、无所依靠的家庭，也可能回到娘家干涉家务，或是请求救济。总之，说不尽的麻烦，讲不完的苦恼，比起在政府官场中主管老百姓的官，或是当管理国家天下的皇帝，看来还要难上百倍。因为做领导人的糊涂皇帝，或做管理百姓的糊涂官，只要"哼哈"两声，就可以决定一切了。可是"齐家"内政之道，不是"哼哈"二将就可了事的。"哼哈"二将，只能在佛教寺院门外守山门，不能深入内院去的。

我们这样还只说了父母子女两代。如果五个儿子媳妇，各自再生三五个儿女，那么，一家二十口或三四十口，还不算相帮的僮仆婢女，以及临时外雇，乃至佃户等相关的人丁在内。再过一二十年，第三代的孙子，又结婚，又生儿女，那么，这个所谓兴旺的人家，在四五十年之间，已是"百口之家"了。因为过去的社会，通常是早婚的，不比现在。你们须要了解，在孔子到曾子、子思、孟子的时代，甚至后世如我所讲这种情状的家庭，尤其是"皇室"或"诸侯"王家，所谓数百口之家，那是通常的事，不算稀奇。

我们的历史上，所谓"五世同居"的"大家庭"，历代都有，甚至如在宋真宗赵恒的大中祥符年代（1008年—1016年），"醴陵丁隽，兄弟十七人，义聚三百口，五世同居，家无间言"。尤其是最后一句的记载，实在使人不敢想象地敬佩。所谓"家无间言"，是说全家三百多人，并没有一点不和睦、不满意而吵闹起来。因此便可知道"齐家"之道，是"齐"这样的家，不是如现代乃至西式的小两口子，把两个铺盖拼成一张大床或两张小床的家。即使是对小两口子的家来讲，又有几对是白头偕老、永不反目的呢！你看，"齐家"是那么轻易要求、那么稀松的世间人事吗？！

照我默默的观察看来，依照现代物质文明的快速进步和精神文明相对的衰落，不论是资本主义或社会主义，甚至举世皆醉的工商业竞相发展，不久的将来，人类社会不会再有家庭制度的存在，而且也没有婚姻制度神圣的存在了！

对于中国传统文化的"家"，我们大概已经介绍清楚。也许，你们现代一般从开始就先学新时代的文化，或一开始便从西方文化基础学习的人，看来非常奇怪，好像西方的社会文明根本就没有这种情况存在。如果你是这样想，那你就大错特错了。无论是欧洲方面的英格兰、爱尔兰、法兰西、德意志等民族，乃至由各种民族所拼凑的"美利坚"国民，以及世界上任何地区和各国各地的少数民族等，在它的社会中，也都以拥有"故家"或"世家""大族"而自豪自傲的观念存在。这是人性的特点，也可说是人性的弱点。举例来说，在现代的美国，对于已故的总统肯尼迪，便有其特别的追慕之情。"肯家"也是美国的"世家""大族"，在美国本土的人，也经常喜欢讲说或关心"肯家"，以及别的"世家"的许多故事。

（选自《原本大学微言》）

三从四德，并没有轻视女性的意思

人类社会的天下，主要的是男人一半，女人一半，平等！平等！女人并非从男人拿出的一根肋骨变化出来的，所以女人并非永远附属于男人。这都是传统文化很明显平实的基本原理。但是东西方的人类文化，自古以来如"宗教学理"以及"伦理道德"等的学说，甚至都把自然社会观念变成同样的"重男轻女"，变成了以男性社会为中心的现象。

其实，我国的历史传统文化，自有上古的记载开始便很公平，认为远古人类的社会"只知有母，不知有父"。开初原来都是以母性为中心的社会。但因男女天然的生理不同，在女性的生理周期以及最为重要的怀孕和生育时期，乏力再去自谋饮食和其他劳务，很自然地必须男性的帮助和照顾，所以就渐渐形成习惯，建立了男女结合共同生活的家。因为有了"家"的形成，所以又渐渐演变成"男主外、女主内"的初步习俗。然后为了饮食和生活，才自然地知道收藏、储蓄、占有、开发等行为，就初步形成了如后世所谓的"私有财产"

或"家庭经济"的基本形态，这正是合于唯物史观发展的原理。但这是没有加入人性心理变化成分的观念，更没有涉及人类社会发展的"自然"和"必然"规律。

因此，在中国传统文化中，对于远古、上古史，便都有对"母性社会"母系为中心的简单记载，称之为"氏"。我们姑且避开天皇氏、地皇氏、人皇氏来说，存在有巢氏、燧人氏，乃至伏羲氏、神农氏，直到黄帝有熊氏——因其母生"帝"于轩辕之丘（河南新郑），故名"轩辕"；长于姬水，故又以"姬"为姓。但从黄帝以后，仍称颛顼高阳氏、帝喾高辛氏。直到帝尧开始，人类社会的文明渐盛，才改变以母系为中心的习惯，从其封地开始，改称为"唐尧"，乃至"虞舜"。可以说，从尧、舜以后，以男姓为中心的"族姓"风俗，才开始建立。至于认为"氏"即是"姓"的观点，那是汉代儒家们从"重男轻女"的狭隘思想开始，才把母系为中心的"氏"，曲解改变过来的。事实上，中国历代历朝的政府所习用的，都是秉承上古传统文化的习惯而有分别，直到清朝末代还是如此。如男人冠"姓"，女人冠"氏"，男人称"丁"，女人称"口"，后来才统统混合通用，就叫某某"姓氏"的"人丁"或"人口"。其实，这种区分的称呼，不是阶级的观念作用，是适合逻辑的分类而已。

"五四"时，搞妇女运动的人，一听到女子要有"三从""四德"，就大喊打倒，而且都盲目地归罪到"孔家店"里去。其实这都出于《礼记》《仪礼》上的记载。而且"三从""四德"的内涵，并没有一点轻视或是压迫女性的意思。所谓"在家从父，出嫁从夫，夫死（或谓老来）从子"，就叫"三从"，哪有什么错？你把"从"字换作现在流行的法律术语，变成"负担"或"负责"来想想就通了，那真是对女性的尊重啊！女子在未嫁之前，应该由父母负担生活和教养，有什么不对？结婚出嫁以后，做丈夫的就应该负担起妻子一切的生活及安全，那又有什么不对？难道男人要靠妻子生活才对吗？丈夫死了，妻子自身的父母当然也老了，不靠子女的照应，怎么办？

从现在来说，可以靠政府所办的社会福利机构，但真是一个男子汉或好儿女，把父母养老的感情和责任完全推之于社会，也未免有点那个吧！尤其在父母子女的情感上说，恐怕不是滋味吧！为别人、为大众争福利的养老是大好事，如果是只为自己，那便不算是"民主"的本意，只能算是个人自由（自私）主义的什么吧！也许我又错了！不过，如从上古的历史社会来设想，三千年前，教育并不普及，尤其女性根本无法受教育。

基本上，上古是全靠人力的古老农业经济社会，女性更没有自由独立谋生的能力，那么在家不从父，又要从谁呢？

出嫁，当然也就是要有取得长期饭票的需要，不从夫，又如何呢？至于夫死从子，事实很明显，就不要多说了。但是还要知道，夫死、子小，还要"母兼父职"，抚养子女成人，试想那又是究竟谁从谁呢？如果你把"从"字只当作"服从""盲从"的意义来解释，那你这个中国人还没有弄通中国字的内涵，还需要再回去在"孔夫子师母"那里多学习学习吧！

　　说到"妇德、妇言、妇容、妇功"的"四德"，这是有关妇女人格和人品养成教育的目标，不只适合于女性，男儿也同样需要有这种教养。一个人的品德有了问题，不论是男是女，当然是不受人欢迎的。言语粗暴，或是刻薄贫嘴，或是出言不当，等等，也就是一般人所谓的没有口德，那也当然不行。至于"妇容"一项，更不要误解是在选美。古文简略，它所谓"容"，是指平常的"仪容"整洁，不要故作风骚，给人做笑料。"妇功"一项，过去在有的书上，把"功"字写成"红"字，那是专指刺绣，或裁缝和精工纺织的技能。尤其在以农业经济为主的农村社会里，这对于充实家庭经济更为重要。

　　古老的妇女"四德"中的这一项，我觉得对于现代和将来社会中的女性，更为重要。简单地说，还在二十多年以前，我有一个朋友的女儿，大学毕业了，和一位在外国的华侨青年结婚。他们在出国以前，奉父母之命向我辞行。我就对那位朋友的女儿说：你出国第一件最重要的事，还要去求学。我不是叫你去读一个什么博士或硕士的学位，我希望你去学习一种个人独立谋生的技术，如依一般女性来说，学会计也好。因为时代到了现在，尤其是婚姻制度快要破产了，爱情是抵不过面包和米饭的。所以现代的女性，从小开始必然要学会一项专业独立的谋生专长，才能保障自己和夫妻的关系，这就是"妇功"的重要。这位小姐后来照我的话做了，固然不负所望，也不出所料。

在以农业经济为主的古老社会里，虽然不是政府的明文规定，但在自然形成的风俗中，对于幼小男女的教育，尤其是"妇功"方面，早已自成为一种当然的行为。长话短说，我们只举南宋诗人范成大一首《夏日田园杂兴》的诗，便可呈现出一幅江南农村社会教育的真实画面了，诗说："昼出耘田夜绩麻，村庄儿女各当家。童孙未解供耕织，也傍桑阴学种瓜。"

另如清末的名臣曾国藩，当了那么大的官，但是对家中的女儿媳妇，每天要绩多少麻（做布的原料）、织多少布，或者做鞋底，都有很严格的规定。其余的例子不胜枚举，也就不用多说了。

（选自《原本大学微言》）

积阴德与社会福利

　　过去大家讲做好事有四个字，叫作"阴功积德"。我们小时候受的教育，这个道理灌输得很牢，做人一辈子要做到阴功积德。阴，是暗的，偷偷做了好事别人不知道，这就是阴功。因为真正的阴功才是真正的积德。如果做好人做好事，是为了给人家表扬，为了让人家说我们是好人，这个不算是善事。庄子说："为善无近名。"中国文化不仅庄子的思想如此，诸子百家都是如此。

　　老子说："善行无辙迹。"真正做大善事、行止高洁的人，他所做的好事，完全不着痕迹，你绝看不出他的善行所在。因此，中国文化几千年来，非常重视"阴功积德"。一个有道德的人，为善不欲人知，因为他不求名、不求利，更不望回报；如果做了一点好事，还要人家来宣扬，那就与传统文化的精神差得太多了。所以，真正为善的行为，不像车辆行过道路一样，留下痕迹，如果有了轮印的痕迹，就知道车子经过哪些地方，等于自挂招牌，标明去向或宣扬形迹了。

孔子也说："不践迹，亦不入于室。""不践迹"，就是说做一件好事，不必要看出来是善行。为善要不求人知，如果为善而好名，希望成为别人崇敬的榜样，这就有问题。"亦不入于室"，意思是不要为了做好人、做好事，用这种"善"的观念把自己捆起来。不要在人家看见时才做好事，便是阴德。帮忙人家应该的，做就做了，做了以后，别人问起也不一定要承认。这是我们过去道德的标准，"积阴德于子孙"的概念，因此普遍留存在每个人的心中。

我经常提到一本小说《聊斋志异》，因为最近在座满眼看到有许多新来的青年同学，他们也许没有看过这部说鬼的小说；但是很多同学对于这本书也很欣赏，我往往问第一篇是什么？很多人答不出来。《聊斋志异》这部书说鬼怪，说狐狸精，它的宗旨在哪里你就不懂了！现在我给你们做答案，第一篇是《考城隍》。我们台北市到了成都路，不是有一个城隍庙吗？城隍也就是阴间的地方官。这一篇很妙，有一个读书人，做梦梦见接到一个通知，叫他参加一个考试。他莫名其妙，心里想，还没有到联考的时间，也不是普考，为什么要马上去考试？一到那里便看见上面坐的主考官是关公，这个多吓人！我们中国人素来对关公是尊重得不得了，那比包公还威严。

题目发下来，他就作了一篇文章，中间有几句很要紧的话："有心为善，虽善不赏；无心为恶，虽恶不罚。"一个人有心去做善事，故意有心的，为了做好人去做善事，说这个人虽然做了好事，也不赏他，因为他有个目的是好名、求名。无心为恶，这个人无意做坏事，譬如说：家里一块破铜烂铁，向窗外一丢，结果伤了人，他是无意的，他无心为恶，虽然做了坏事，不罚。所以关公当场阅卷，拍案叫好，录取了他，要他马上去做城隍。他一听去做城隍，糟糕，那要死了以后才能做的。他说：我还不能死啊！最后只好向关公请求说：我妈妈年纪大，只有我一个儿子，你叫我马上去做阴间的官，我死了，谁孝养我妈妈啊？关公说：你有此心真是好极了，马上叫人看他妈妈还有几年阳寿。判官（秘书）把簿子翻开一查，还有九年。关公说：可以，就等你九年吧！

这个故事就是说明"为善无近名"的道理，表面上看是逃避，但也是教你做善事是要真善，不求神知，不为名利，也不要为了因果报应。我常常碰到许多学宗教的朋友，好像他做了许多好事，已经磕了好多头，拜了好多佛，念了好多经，好像他也天天上教堂做礼拜，为什么他的爸爸妈妈会死掉呢？这个问题我是答不出来的，只好看着他，张开嘴巴，没办法答。这种心理就是伪善。

假使一个人广泛地博施济众，要为整个人类谋福利事业，照现代话来说，团体、社会、政府做的公益事业就叫社会福利。中国古代有没有社会福利思想？假使有研究社会问题的，这个问题要注意，在中国历史文化里，好像找不出社会福利问题的记载。事实上有没有呢？有！社会思想早有了，社会福利思想也早有了，过去都偏重在个人做，以个人立场，做社会福利事情，这是中国人的道德修养。

有钱做做好事，修桥铺路，再不然夏天在路上摆一些茶缸。我很小的时候就看到过。每到夏季，家里忙得很，天天都要烧茶，大锅大锅地烧，多少里一桶，放在那里，不要钱的凉茶，大家尽管喝。很多人家都这样做的，这些都是社会福利。

中国过去的社会当然是以农业经济为基础，由个人做社会工作，做社会福利，认为这是一种道德，所谓阴功积德。现代的思想，社会的福利工作，已经由政府、由社团做。时代不同，工业时代与农业时代，是两个时代，思想也不一样。

（选自《庄子諵譁》《老子他说》《论语别裁》）

丛林制度的特殊贡献

自魏、晋以后，佛教传入中国以来，信仰佛教中的出家僧众，独坐孤峰，或个别的隐居水边林下，过他隐居专修的生活方式，大概还保有印度当时佛教僧众的形态。在南北朝至隋、唐之间，这种不事生产，以乞食自修的生活方式，不但不受以农立国、以勤俭持家的社会风气所欢迎，甚至引起知识分子与朝野的反感。同时，佛教徒中出家的男女僧尼，愈来愈多，势之所趋，便自然会形成团体生活的趋势。

到了盛唐之际，经禅宗大师马祖道一禅师，及他的得意弟子百丈怀海禅师的创制，不顾原始印度佛教的规范与戒律，毅然决然建立中国式的禅门丛林制度，集体生产，集体从事农耕，以同修互助的团体生活方式，开创禅宗寺院的规模，致使佛教各宗派与佛学，在中国的文化与历史上，永远植下深厚的根基。

宋代开国以后，宋儒理学家们，不但在学术思想上，受到禅宗的影响而建立理学的门庭，而且在讲学的风格、书院的规范与人格教育的规模上，无一不受丛林制度与禅宗精神思想的影响。甚至，唐、宋以来，帝王朝廷的经筵侍讲与侍读等职位的制度，也是受到佛教开堂说法制度的影响。所以禅宗丛林制度，对于中国文化与中国教育的书院制度，以及宋、明以后的教育精神，关系实在太大，而且最为密切。只要详细研究禅宗丛林制度的所有清规，以及详读《禅林宝训》与宋、元以后禅宗高僧的史传，配合比较中国历史上有关文化思想与教育史实的演变，便可了然知其所以了。

丛林的制度，显然是中国文化的产品。严格说来，佛教经过中国文化的交流，却有两件大事，足以影响佛法后来的命运，而且增强它慧命的光辉。第一，在佛学学理方面的整理，有天台、华严两宗严整批判的佛学，天台宗以五时八教，贤首宗（又名华严宗）以五教十宗等。概括它的体系，这便是有名的分科判教。第二，在行为仪式方面，就是丛林制度的建立。它融合了传统文化的精神，包括儒家以礼乐为主的制度，适合道家乐于自然的思想。而且早在千余年前，便实行了中国化的真正民主自由的规模。它的制度，显然不相同于君主制度的宗教独裁，只是建立一个学术自由、民主生活的师道尊严的模范。

我们可以了解，凡是自己没有悠久博大的文化之民族，纵然佛光普照，它的本身，仍然无力可以滋茂长大。所以说，当达摩大师在印度的时候，遥观东土有大乘气象，不辞艰苦，远涉重洋，便放下衣钵，把佛法心印传留在中国。

一个文化悠久的国家，历史剩遗在山川名胜的背景，已经足以表示整个文化的光辉，何况它的精神，还是永远常存宇宙，正在不断地继往开来呢！仅以丛林创建的制度来说，它给全国的山光水色，已经增加了不少诗情画意，表现出中国文化的风格。唐代诗人杜牧有诗云："南朝四百八十寺，多少楼台烟雨中。"这还只是描写南北朝以来的江南佛教事迹，到了唐朝以后，因为丛林寺院的兴盛，可以说，率土之滨，莫不有寺，名山之顶，何处无僧，所以后人便有"天下名山僧占多"之咏了。加上以唐人气度的雄浑，宋人气度的宽阔，二者融会在寺院建筑之中，我们在全国各地，到处都可见到美轮美奂、壮丽雄伟的塔庙。只要你翻开各省的省志，各州、府、县的地方志，要查名胜古迹，僧道寺院，便已占去一半。

缅怀先哲，追思两三千年的留传至今的事物，岂能不令人痛恨这些一知半解、妄自蔑视中国文化的人！须知一个根深蒂固的文化，建设起来，是经过多少时间和多少哲人的心血所完成。要想改变，以适应世界的趋势而争取生存，那也要学而有术，谋定而后动，岂是浅薄狂妄、轻举妄动所能做得到的吗？

中国传统文化，素来是以儒家为主流。儒家高悬大同天下的目的，是以礼乐为主导政治的中心，由于礼乐的至治，就可以实现《礼运》天下为公的目的。但是经过数千年的传习，一直到了唐代，才只有在佛教禅宗的丛林制度里，实现了一个天下为公的社会。它在形式上，固然是一种佛教僧众的集团，然在精神上，它是融合礼乐的真义和佛教戒律的典型，"礼失而求诸野"。如果讲到一个真善美的社会风规，恐怕只有求之于丛林制度了。但是也还不能作为治国平天下的规模，因为国事天下事，与丛林社会相比，其艰难复杂，又何止百千万倍？人是一个有情感和理性的生物，无论性和情，只要偏重在那一面，就不能两得其平，结果都不会安定人生的。

南宋时代，杭州径山大慧宗杲禅师与温州龙翔竹庵士珪禅师，恐怕以后丛林衰落，便合力记述历史丛林住持的嘉言善行，留作后世的准绳，作了一部《禅林宝训》的书。其中高风亮节，以及敦品励行的典型，足以与《宋元学案》比美千秋。如果去掉它僧服的外层，作为为人处世的修养范本来看，一定别有无穷受用，可以启发无限天机。

百丈禅师创建丛林以来，他的初衷本意，只是为了便利出家僧众，不为生活所障碍，能够无牵无挂，好好地老实修行，安心求道。他并不想建立一个什么社会，而且更没有宗教组织的野心存在，所谓"君子爱人以德"则有之。如果认为他是予志自雄，绝对无此用心，尤其是他没有用世之心，所以他的一切措施，自然而然地，便合于儒、佛两家慈悲仁义的宗旨了。如果他有世务上的希求，那便会如佛经所说"因地不真，果招纡曲"，岂能成为千古宗师？在他当时，一般人之所以责骂他是破戒比丘，只因大家抵死执着印度原始佛教的戒律，认为出家为僧，便不应该耕种谋生。站在我们千秋后世的立场来看，如果他当时不毅然改制，还让僧众保持印度原来的乞食制度，佛教岂能保存其规模，传流到现在吗？

禅宗最重人们确有见地，佛教称佛为"大雄"，时移世变，时代的潮流，由农业社会的生活方式，已经进到工商业科学化的今天，追怀先哲，真有不知我谁与归之叹了。

（选自《禅宗与道家》）

第五章

中国有没有"经济学"

另外一种经济学

我常说，我们很多翻译的名称是二手货，很多名称没有自己翻译。譬如说"智慧之学"，我们中国人叫"慧学"，日本人翻成"哲学"。再譬如说"经济"，我就严重地反对，中国讲"经济"，在中国文化里头很严重啊，是经纶济世，是大政治家、大文化家（的事业），这个叫"经济"。

我们常说中国古人的对联："文章西汉双司马，经济南阳一卧龙。"那个"经济"不是现在这个"经济"。他讲写文章，西汉一个司马迁作《史记》，一个司马相如文学第一，所以"文章西汉双司马"；"经济"，中国经纶济世之才，赤手空拳打下来天下，建立一个政权而万古留名的，很好的榜样只有诸葛亮一个人，所以叫"经济南阳一卧龙"。这是中国人由魏晋南北朝、唐宋元明清，一直到现在的观念。日本人把管财经的问题叫"经济"，这是很好笑的事。现在一提到经济就想到管钞票、要钱。这个文化问题很严重。

我说世界上的经济学家，欧美的经济学家，是强盗的经济学家，都是为一个国家、一个观点，写了许多经济学的书。你们学经济不要乱跟他们。从《国富论》开始，通通不对。没有一个学者研究全体人类的经济学，马克思有一点像，还不完全，他在那个时代还看不清楚。任何一门学问，我们中国人有一句土话，叫作"麻子上台阶"——一个麻子上了台阶，群众观点，个人看一点。整个麻子脸，哪个洞在哪里都搞不清楚。世界上所有的经济学都是这样。实际做国际大生意的，影响了整个世界，他们对全人类究竟是怎么个影响法，今天乃至以后的全人类，究竟应该怎么样生存生活，没有人研究，这是很严重的大问题。

那么，请问中国原来有没有现在所谓的"经济学"？没有。这是十九世纪以后过来的。那么，中国到底有没有自己的经济学？有！经济学，在中国过去叫什么呢？叫"食货"。中国人过去是重儒轻商，看不起商业的。司马迁写《史记》，他写了一篇《货殖列传》一篇《平准书》。后来班固写《汉书》，在《史记》的《平准书》《货殖列传》的基础上写了《食货志》。

你看"货"字，为什么用这个字呢？这要研究中国字了。不认识中国字，你中国文化讲不通的。"货"是"化"下面加个宝贝的"贝"。贝是什么？我们上古货币是用贝壳做的，最初商朝、周朝以前的货币是贝壳，后来慢慢变成用其他的货币。"货"是化贝，包含了物品交换和货币贸易的内容。"贸"

字上面是"卯"，下面是"贝"，早晨五六点钟（卯时）在集市上买卖交换物品。"易"上面是"日"，下面是"月"，日、月每天轮转更替，包含交换、交易的意思。

由"货"字，谈到货币学。我常问学经济的同学，我说古今中外每个国家、每个社会，货币一定会通货膨胀，每个时代都会通货膨胀，而且每个新时代会把货币变了，这是为什么？这是一个经济哲学的问题了。货币为什么一定会变？譬如刚才讲到"货"字，是变化的"化"下面加一个宝贝的"贝"，有财富变更变化的意思。所以，司马迁第一个提出来商业的哲学，写了一篇《货殖列传》，那么中间有两句话很重要，"天下熙熙，皆为利来。天下攘攘，皆为利往"，一切学问道德抵不住一个钱、利，利之所在，拼命苦干，命不要就是为了这个利。人家说司马迁是历史学家，我说你们不要搞错了，司马迁是一个历史哲学家，他走道家的路线，他为人类开了一条路。

司马迁以后，班固写《汉书》，走司马迁的路线，但是改了，把这个叫《食货志》。《古今图书集成》里面叫《食货典》，把五千年农业社会的经济、税务的收入、国家财政的给配、商业的行为、政策的安排，都收录在其中。只是可怜我们中国人自己，这一百年当中，有几个学者回转来研究研究自己的经济学？

《汉书》上的《食货志》，食货，包括了农工商业，有人把"食"归纳为农业，把"货"归为工商业。一切经济第一是农业，第二是工业，第三是商业，包括财货的流通。至于现在什么股票啊，期货啊，金融衍生产品啊，真是泡沫，花哨得不得了，迷惑了人。当然有人喜欢这样，可以浑水摸鱼了。

　　道家有本书，很多人没有看到过，叫作《鹖冠子》，是隐士神仙之流写的。我们学军事出身的，喜欢带兵打仗，研究军事的书也读，研究政治的书也读。《鹖冠子》里头有两句话叫"中河失船，一壶千金。贵贱无常，时使物然"。

　　"贵贱无常"，这四个字包含很多了，一个人生也好，一个东西也好，值钱不值钱，有没有价值，这是贵贱的问题了。"无常"，没有定律的，会变化的。"时使物然"，时间跟趋势使其如此，社会的演变，时代的演变，环境的变化，产生这个作用。注意哦！中国文化只有这八个字，"贵贱无常，时使物然"，如果写成经济学、金融学、货币学，起码二十万字的书了。

　　上面还有句话，"中河失船，一壶千金"，这是中国文化，你们特别注意！一只大船开出去，到了河中间，船坏了，要沉了，这很严重，所有船上的生命财产都会没有了。这个时候什么最贵呢？一个葫芦，"一壶千金"，一亿价钱都值，要救命啊！船没有了，抱到那个葫芦，有浮力，人就死不了。

所以我觉得我们国家，经济、财经，包括金融、银行，自己要研究研究，建立自己的体系是非常重要的！不要被人家牵着鼻子走。我是乱讲的啊，不过讲课的时候放言高论，提醒大家要注意这个。我们这个时代走到大河中间了，中外文化也走到大河中间了。问题是我们自己怎么准备好，不要"中河失船"。万一船漏了，这个时候有一个什么办法，能够救起来这个时代，救起来自己国家民族的政治，政治包含了经济、文化在内，是很重要的。

　　《阴符经》上面还讲到一句话——《阴符经》是姜太公的兵书——"绝利一源，用师十倍"。譬如一个人，他耳朵听不见，眼睛往往特别好。眼睛坏了的，耳朵感觉特别灵敏。这是个巧妙应用的道理，政治、军事、财经都用得到的。加上刚才我提到《鹖冠子》的两句话，帮助你们思想。

　　我们研究中国经济，文化与经济是相关的。有些人不大好批评中西文化，我说我还差不多勉强可以批评。有些人讲，你这位老先生专门读中国书的，你懂什么外国啊？我说：对不起，我欧美都去过，而且都住过。我还批评中国的留学生，我说：这一百多年以来，都是坏在留学生手上的。当年清朝末年的留学生被注重的是德日派的——德国留学的、日本留学的，重用！第二次世界大战时，慢慢注重英美派的留学生。到共产党统一中国这个阶段，初期都是注重苏联的留学生。

一九八九年以后，一下翻过来，用美国留学生。

我在美国的那个阶段，正是中国改革开放初期，当时好几位精英都在美国，都到我那里吃饭。我在美国还是一样地上课，给他们讲中国未来前途的问题，我说你们赶快回去帮忙祖国，不要在这里。当时讲到经济的问题，比现在还严重。

当时我在美国跟他们讲，我说十六世纪以前，美国跟欧洲够不上谈经济，穷得很，世界上只有一个国家很富有。马可·波罗从元朝回去以后，告诉你们东方有这么一个国家，你们认为他是瞎说。后来到了十九世纪，你们英国人做海盗去打劫，你们的白银财产哪里来？抢印度、骗中国来的，现在才有那么多钱，你们发达了，富有了。

到了美国以后，我骂留学生，你们在国外留学，在大学的学生宿舍里，每天吃汉堡，吃两个面包，外面上中下社会的朋友都没有，白宫的门口都只看一看，进也进不去。你们懂什么啊？然后三年五年回去，哎哟！讲外国怎么好，外国的月亮怎么大，看不起自己。因为我在那里，他们会请我到白宫去，他们的财政部长会来看我，交了很多朋友，也到处看了很多。欧洲我也去看过住过。

那么，我们的文化是从德日派开始学坏的，后来是英美派，尤其是一九八九年以后，开始学习美国，注重英美一直到现在。现在好像全体崇尚美国派，这都是问题。

可是，你不要听错了，我并不是反对外国文化，外国文化必须知道，同时一定要了解我们自己的文化，做到知己知彼。可是一百多年来，战乱加上内乱，中国人对这两方面文化，都没有真正深入了解，常常是脱离实际，忘记什么是基本，舍本求末，被一些莫名其妙的概念、知识迷惑了。

我们讲经济学的基础是农业经济，第二个是工业经济，第三个才是商业经济。现在买股票、期货的人，那是第五六层的经济了，已经不是经济了。所以买股本、期货，我叫它是虚无经济，买空卖空，说是支持实业生产，实际很多是在扰乱实业生产，最后说不定又归于空。现在你们喜欢玩钞票、银行、信用卡，什么基金、股票、期货，什么乱七八糟的金融衍生产品，不要玩昏了头，饿了肚子什么都不灵了。

中国人的经济思想哲学是"勤俭"两个字，也就是要勤劳节省。我们现在整个的社会发展太过奢侈，刚好违反这两个字，这是非常严重的！

中国文化讲经济有几千年的历史，不管是孔孟之道，还是其他诸子百家，都是讲勤劳节俭的。譬如《大学》里说"生之者众，食之者寡"，这是经济的大原则，生产的要多，用的要少。老子也讲，吾有三宝："曰慈"，仁爱爱人；"曰俭"，勤劳节俭，俭省不是小气哦；"曰不敢为天下先"，绝不成为开时代坏风气的先驱。

现在全世界的金融、经济的观念都受凯恩斯"消费刺激生产"理论的影响。自从"消费刺激生产"理论出来以后，产生了今天工商业的过分行为。金融的各种现象，对于物质的浪费、环境的污染都是不可控制的，没有办法阻止的。如果要消费刺激生产，顶好人类天天打仗，最好的消费刺激生产就是世界大战，战争的消费是最厉害的！现在全世界都是商业战争。

　　为什么说是商业战争？好听一点是争取市场，不好听讲是争取工商业的战场。而且在这个理论影响下，各行各业都在千方百计引诱别人消费，将生存生活的理念彻底引到奢侈消费的方向，使大众感到生活代价很高，活得很累，烦恼很重，全世界都被催眠了。

（选自《漫谈中国文化》《廿一世纪初的前言后语》

《南怀瑾与彼得·圣吉》）

人民、土地、财货，怎么排序

　　我们研究周秦以前的中国文化，最要紧的，先要把自己的思想观念，时光倒流，回到上古传统文化所使用的文字上去，这样才知道古人简单的一个"货"字，是包括了现代人所说的物质资源，乃至人工所生产的农工商业等产品。凡属于经济学范围的东西，统名叫"货"。但有的古书上，又把"货""财"两字合用，也有和农业生产的粮食合用，称为"食货"的。如果随便一读，便很容易使人在意识分别上，混淆过去。其实，"财"字是指"财富"，是包括农工商业所得的"物资"和代表"货物"互相"贸易"交流与币贝等的总和统称。

　　人类的"财富"，基本上都是由自然界的"物资"而来的，是绝对"唯物"的。那么，他在讲"治国平天下"之道，为什么先前已经说到了"财富"，现在又怎么再提出物质资源的"货物"观念上去呢？答案很简单，因为人性最大的欲望，除了生命基本所需求的"饮食男女"以外，就是"好货"。这就是人性普遍存在的占有欲，是基本病根最重要的一环。

如果照后世的社会科学来讲,换了一个名称,就叫作"利"字。例如世人常用的"名利"二字,"名"就包含有权位、权力、权势、权威等,"利"就包括了货物、财币、钱财等。

我们只要明白了这些意思,便可恍然明了先贤们把上古史,姑且裁定到夏、商、周三代以前。因为从进入封建时代,家天下帝王制度形成后,经四千余年之久,王侯将相和所有的帝王,都是把天下国家当作货物在玩弄,巧取豪夺,又有几个是以"济世救民"存心的呢?尤其在秦、汉以后,那些开国帝王的目标,都是以"贵为天子,富有四海"作为目的,谁又真能"明明德"而做到"治国平天下"呢?

曾子说:"道得众则得国,失众则失国。是故君子先慎乎德。有德此有人,有人此有土,有土此有财,有财此有用。德者,本也。财者,末也。外本内末,争民施夺。是故财聚则民散,财散则民聚。是故言悖而出者,亦悖而入。货悖而入者,亦悖而出。"

这一段文章非常白话,本来不须再加讨论。但是,为了在座的几位年轻同学是从现代白话教育起步,使我又回想到我自己读这一段文字的时候,还在童年,距离现在已有半个世纪以上,当时似懂非懂不敢多问。如果啰唆多问,老师会说,好好背熟它,将来你就会懂。当然,听来很闷气,不是生气,因年轻还不懂生大气呢!将来懂得,真是莫名其妙!

心想，恐怕老师他自己还没有完全懂吧！可是几十年后，真的反而觉得那个老师真高明，好在没有点破我。如果那个时候，他教我懂得了文字，也许我永远只是做个"浮沉宦海如鸥鸟，生死书丛似蠹鱼"而已。这是要有人生多方面的经验，而且还要配合数十年的做人做事，才渐渐地一层一层深入，才算真懂了。学文哲和文史，也同学自然科学一样，没有走进实验室去实习，永远不会有新发现，永远不会有发明的。

话说这段文章，它是在古往历史上，评论一朝一代创业建国者的经验和成功失败的大原则，同时也是一个人要做任何一种事业的成功和失败的共通原理。一字千金，真不愧是孔门贤哲弟子的名言。

他首先提出"道得众则得国，失众则失国"之道，这个"道"字是一条不可变易的大原则之道，并非说话之"道"。不过，你如把它当作要说话之先的"说道"，也勉强可以。总之，他说，要想创业建国，唯一的条件，需要有人民群众的归心拥护。有人民群众才能得国；相反地，失掉民心就会失国。但怎样才能得到人民的归向呢？答案："是故君子先慎乎德"。"是故"是古代语言的习惯，便是现代常说的"所以"。这是说，你想要创业建国，或是你想做任何一件事业，必须先得"人和"。你想要人心归向，或是个人想要有朋友相助，必须先要从自己"立德"开始。如果自己做人，态度、言语、思想等行为，处处"缺德"，一切就免谈了！不过，一个"德"字，含义太多、太广、太深，真是一言难尽，说不完的，不是随随便便说一句"道德"就对了。

明白这个道理，自可了解下文所说的推理：有德，才有人众；有了人众，就会有土地；有了土地，就会有财货；有了财货，当然就能兴起种种妙用了。尤其是一个国家，就是人民、土地、财货三个因素的综合凝聚，然后构成一种总动力的共同经营，那便是后世所说的"政治"和"治权"的内容了。其实，一个人家也是一样，先由男女两个人结合在一起，共同辛苦经营，然后才成为一个家庭。至于现代人的创业，无论是工商事业、金融事业或社团事业，也都不外乎此理。

但他特别慎重地提出，注意任何创业成功的基本条件，在于个人的"行为道德"，也就是包括心理行为和处事行为两种的综合。所以说，"德者，本也。财者，末也"。这个"末"字，不是说财没有用的意思。这是说，一个人自己的道德行为是根本，财货是由根本所发展产生的枝末。

换言之，德行犹如树根，财货犹如树的枝叶。树根不牢固，枝叶是不会茂盛的。因此，他便说："外本内末，争民施夺。"如果你不顾在自己内在的根本德行上建立，只想争取向外的财货，那就必然会有人来和你争夺权利。所以在争取人和与争取财货两者之间的妙用上，曾子就特别提出一个道理，即

"是故财聚则民散，财散则民聚"。那是万古不易的名言，也是人类生存和生活上的大原则。赚钱难，聚财难，但是用钱更难，散财更不易。能够赚钱聚财，又能够善于用钱和散财的，必然是人中豪杰，不是一般常人所能及的。至于死守财富和乱散钱财，当然是一般社会人群中常有的两种典型。

"齐家、治国、平天下"之道，必须先了解群众、资财、权力三者之间，犹如三根木杆捆在一起的三脚架，缺少一根就站不起来了。尤其对一个国家的"治国"之道，没有良好的经济财政，必然就没有一个完整美好的政权，那是古今中外千古不易的大原则。你只要看看每一朝每一代的兴亡史迹，最后促使衰败的，必定是先由财政、经济上产生必然的崩溃。但在中国文化中一贯的传统观念，尤其是以儒家、道家为主流的学术思想中，认为要解决经济、货财的问题，使"国家天下"得到"治平"的境界，只要从政治上做好，便可达到"物阜民丰"，国家和人民就都可以"安居乐业"了。

（选自《原本大学微言》）

仁义经济学

《大学》中说："生财有大道，生之者众，食之者寡。"
这是对古代农业社会的农业生产与人口消费来说。"为之者
疾，用之者舒，则财恒足矣。"这是对古代农业社会经济以
及兼带手工业的生产情况来说的。

这的确是千古不易的名言。无论是十八世纪亚当·斯密
的《国富论》、十九世纪马克思的《资本论》、二十世纪凯恩
斯的经济理论，都不能否定它的卓见。

又说："仁者，以财发身。不仁者，以身发财。未有上
好仁，而下不好义者也；未有好义，其事不终者也。"第一句，
能知仁道的人，因善于运用财富，便可以发展一身的功名事
业。第二句，倘使是不知仁道的人，便只想以他本身的一生
的能力来拼命搏斗，求取发财。第三句是说当家治国的领导
作风，以及领导社会的风气的重要性。

上好仁，下必好义。但在古文中的"义"字，它的内涵
究竟是什么？那可又是碰到一个麻烦的问题了！儒家所讲的

"义"，是"人人为我，我为人人"，人我之间都得安详，所以古人解释"义"（繁体为"義"）字造形的内涵，是从"羊"（吉祥）、从"我"，两个字义的综合，是属于"六书"中的"会意"字的范围，等于说是"为善最乐"的意思。

但自曾子以后，孟子特别注重"义"字，主张以"义"为先。因此古人便如此注解：义者，宜也。这也等于说是没有哪一点不合适、不相宜的才是"义"。至于从墨子学说以后，墨家思想的"义"字，就有偏重于人我之间，富于同情心和相爱心的"侠义"之"义"了。

我们知道古文对于这个"义"字和"仁"字一样，都具有广泛的含义，可以说只能"心领神会"，不可局限于文字言语的形式。因此，曾子所说"未有好义，其事不终者也"，是有"人人为我，我为人人"的意思，个个好义，当然就有了美善的好结果。

因此他说："未有府库财，非其财者也。"这是说明治国者应当不起私财之心，民富即国富，国富则民强，这样才能达到"均富"的境界。

孟子第一次见梁惠王时说："你梁惠王何必谈利呢？你只要行仁义就好了。"这是中国文化千古以来，尤其是儒家思想中，义利之辨的最大关键。而在后世的读书人，大多看到"利"字，就望望然联想到"对我生财"的钱财之利这一方面去了。站在国家的立场来说，也很可能误认为只是经济财政之利。至于义，则多半认为和现实相对的教条。因此便把仁义之"利"错解了，而且把仁义的道理，也变成狭义的仁义观念了。

如此一来，立身处世之间，要如何去利就义，就实在很难办了。举一个实例来说，我假使在路上看到一些钱，这是利，我要不要把这些钱拾起来呢？这就发生了义利之辨的问题了。以我们传统文化来说，这些钱原非我之所有，如果拾起来据为己有，就是不义之财，是违背了义的道德，是不应该的。

在利的一方面看，自己的私心里认为，路上的这些钱，乃是无主之财，我不拾起来，他人也会拾去，据为己有，也没有多大关系。但是到底该不该拾为己有？儒家对这种问题，在个人人格的养成上就非常重视了，由此便形成了中国特有的、非常严谨的个人的道德观念。

但是，由于这种义利之辨的观念根深蒂固，后世读《孟子》的人，大致统统用这个观念来读《孟子》，解释《孟子》，于是就发生了两种错误。第一是误解了梁惠王问话中的利，只是狭义的利益。第二是只从古代精简的文字上解释，而误解了孟子的答话，以为他只讲仁义而不讲利益，把"利"与"义"绝对地对立起来了。

其实并不如此，依照原文用现代江浙一带的方言来读，就可从语气中了解到他的含义，知道孟子并不是不讲利，而是告诉梁惠王，纵使富国强兵，也都是小利而已；如从仁义着手去做，才是根本上的大吉大利。试看几千年来中国文化的整个体系，甚至古今中外的整个文化体系，没有不讲利的。人类文化思想包含了政治、经济、军事、教育，乃至于人生的艺术、生活……没有一样不求有利的。

如不求有利，又何必去学？做学问也是为了求利，读书认字，不外是为了获得生活上的方便或是自求适意。即使出家学道，为了成仙成佛，也还是在求利。小孩学讲话，以方便表达自己的意见，当然也是一种求利。仁义也是利，道德也是利，这些是广义的、长远的利，是大利，不是狭义的金钱财富的利，也不只是权利的利。

再从我们中国文化中，大家公推为五经之首的《易经》中去看。《易经》八八六十四卦中的卦爻辞，以及上下系传等，谈"利"的地方有一百八十四处；而说"不利"的，则有二十八处。但不管利与不利，都不外以"利"为中心在讨论。《易经》思想主要的中心作用，便是"利用安身"四个字。所以《易经》也是讲利，而且告诉我们趋吉避凶，也就是如何求得有利于我。如果探讨孔孟思想的文化源头，绝对离不开《易经》。所以说假如孟子完全否定了"利"的价值，那么《易经》等我国的所有传统文化，也被孟子否定了。但事实上并非如此。由此，我们研究孟子，首先就要对义利之辨的"利"字，具有正确的认识。

《易经·系传》中说："天地之大德曰生，圣人之大宝曰位。何以守位曰仁。何以聚人曰财。理财正辞、禁民为非曰义。"这就是中国的政治哲学、经济政治，非常重要。真正能理财，老百姓就跟你走，可是有一点，不要忘了理财还要能正辞。

孔子说"理财正辞"，经济的问题固然重要，精神文明的文化更重要。所以中国《易经》的政治哲学：第一点是理财，使有繁荣的经济基础；第二点要有最高的精神文明；第三点人民还要守法。所以说"禁民为非曰义"，这样才能建立一个幸福的社会、理想的国家。

（选自《原本大学微言》《孟子旁通》《易经系传别讲》）

经济可以解决一切问题吗

　　我现在九十岁了，生命的经历很多。这个国家大革命以后，经过北伐，我亲自参加过抗战，经历过国内的变化，在海内外大波浪之间，直到现在二十一世纪，我觉得有了问题。这些问题使我想到中国古代禅宗的两句话："一片白云横谷口，几多归鸟尽迷巢。"

　　我们的国家社会，今天的发展非常繁荣，好像人人都前途无量，朝气蓬勃。事实上都有"一片白云横谷口"的现象，不是黑云哦！是很漂亮的白云，可是把自己遮住了，一切都搞不清楚了。本来是自己的家，鸟要飞回来，可是因为这片白云遮住了，迷巢了。我深深地感到，这个时代有这么一个现象。

　　我们现在所讲的经济学，都是第一次工业革命以后外国人的经济学。自己的经济学在哪里？同样是人，尤其我们有五千年的文化，没有经济学吗？现在我们经济学走的路线，包括我讲经济学这个名称的问题，都在跟着人家走。

大家要做企业家，就要研究历史的经验。举个例子，姜太公如何帮助周朝建立并使之享国八百年，而且他封在齐国。现在所谓的胶东，那时是最落后、最贫穷的地方。他八九十岁快要一百岁了，到这个地方来做诸侯，怎么把一个国家变成那么富有？中国文化经济商业的中心，春秋战国时是在齐国的临淄，就是现在的山东临淄，比现在的上海、纽约还热闹哦！唐朝的时候在扬州，所以你们看古人的诗句，"腰缠十万贯，骑鹤上扬州"。唐朝经济的中心在扬州。宋朝就不是了，宋朝的经济中心在漳州、泉州。上海发达到现在最多一百年，以前是小镇，原来归吴淞道管的。今天的经济中心是上海，未来就不是上海了。这是经济商业的必然趋势，也是历史。

谈到西方的文化思想，十七世纪以后人们认为要解决一个国家乃至人类的问题，非靠经济不可，以经济来解决政治。中国几千年文化刚好相反，经济摆在第二位，有好的政治，经济自然会好。

我们要真的研究工商企业的发展，要好好去研究管仲。管仲的历史故事很多，我提醒大家注意他的两句名言："仓廪实而知礼节，衣食足而知荣辱。"他认为经济非常重要，一个国家社会经济不发展，人民不富有，文化就谈不上。大家都知道这句名言，可是大家忘记管仲提倡的是什么，不是经济领先，而是政治文化领先。"仓廪实、衣食足"只是手段，好的政治可以自然达到仓廪实、衣食足。再譬如他的名言："礼义廉耻，国之四维。四维不张，国乃灭亡。"所谓四维，譬如房子的四个栋梁，这四个柱子没有搭好，文化没有建立好，国家就很危险了。礼义廉耻这四个内容太大了！管仲也是做工商业出身的啊！孔子非常佩服管仲，所以在《论语》上说，我们的国家，以前要是没有管仲，我们后代就都变成野蛮人了，因为文化的建立者是管仲。

大家研究经济，发展工商，希望能够回过来借用自己的历史经验。更要看清楚，我们这个国家民族存在五千年，不是件容易的事。经过的变乱，像我们所谓的"一穷二白"这个情形，过去有很多的经验，究竟是怎么样发展起来的？譬如汉文帝的时候，大家都知道"文景之治"是靠"休养生息"这四个字。历史上记载很简单，可是我们读书不要轻易把它看过去了。这四个字都认得，休息、培养、发展生产、繁殖。所以历史上记载汉文帝上来"休养生息"四个字就解决问题了。古文同白话文不同，现在这四个字引申起来就是那么厚的一本书了。

春秋战国下来，几百年的诸侯战乱，到秦始皇二三十年把国家统一，把秦始皇以前几千年的体制改变，成了一统江山，废除封建制，不再有诸侯的分封，地方不能自治，通通归中央统一领导，变成中央、郡、县三级制。古代的郡就是现在的省。所以汉代的时候太守二千石，就是省长的待遇，是发给两千石的米粮实物，因为那时是以农业经济为主。郡以下就是县了。

汉文帝接手的时候，休养生息，不能打仗了。其实那时汉朝的天下很苦，钱没有，社会贫穷，一穷二白，天下变乱，文化没有建立。我们现在经常讲文化教育，其实秦始皇以后，是到了汉武帝时才开始恢复中华文化的，离秦始皇已经八十多年了。

比如我们现在，旧的文化推翻了，推翻清朝到现在九十六年，现在大家都讲文化，文化是个什么东西啊？你看历史上很明显的一个例子，汉文帝起来的时候还管不到文化教育，他有一个最大的敌人——北方的匈奴。所以他一直要发展经济，发展工商业，节俭，以充实国家的军费，留给孙子汉武帝出兵。这是很痛苦的。

到汉武帝的时候经济还是不够好，打仗也是要钱，尤其那个时候匈奴侵略过来，赶不出去啊！那个时候重要的是骑兵，骑兵重要的是马，中国人不太养马，要凑钱买马，所以读这些历史就懂了武器的重要。但是中国人制造那个铁兵器容易断，炼钢技术不够，到汉武帝的时候没有办法了，所以叫张骞出使到外国偷学这个技术。

汉武帝要用兵，这个时候不同了，是刘邦以后六十多年了，要发展经济，扩充国力，建立文化，这是很大的一个任务。因此这个时期经济思想有一个争论，记录在很有名的一本书《盐铁论》里。

《盐铁论》这本书论辩很多，是发展文化第一，还是生产经济第一？就是说应该注重钱还是注重文化教育，这个论辩很厉害。当我们有《盐铁论》的时候，西方欧美的什么《国富论》经济思想，一点影子都没有，谈不上。可是我们汉朝的时候已经在讨论，究竟是政治与经济发展重要，还是其他的重要。也就是说，究竟儒家思想、道德人伦重要，还是钞票重要。你们现在满脑子都是钞票、股票、期货，就是这一套，这一套很容易迷糊自己。

（选自《漫谈中国文化》）

司马迁的"金"句

汉武帝时代的历史哲学家司马迁，在他所著的《史记》中，特别创作一篇《货殖列传》，意在说明工商业经济的重要性。《货殖列传》是关于经济、工商业的发展。中国传统的文化，儒家、道家都看不起工商业，看不起做生意的，只有司马迁不同，他提出来工商业的事。"货"代表一切的物资，也包括今天的资本。"殖"是生利息，繁殖起来，等于种树一样，它会生长。现在我们摘引他原文的三段重点，作为研究的参考。

夫神农以前，吾不知已。至若《诗》《书》所述虞夏以来，耳目欲极声色之好，口欲穷刍豢之味，身安逸乐，而心夸矜势能之荣。使俗之渐民久矣，虽户说以眇论，终不能化。

他说：从虞舜、夏禹时代开始，人们的耳目已经习惯了美声丽色的嗜好，嘴巴已经吃惯了好吃的米面和畜牲的肉味，身体已经习惯安逸快乐的享受，而且在心理意识上，已经习惯浮夸、骄傲，羡慕权位和势力的荣耀。这些风俗习惯，是由上古以来，渐渐地逐步养成的，后来的人们，便认为是自然地当然如此了。你想挽回人心，恢复到如上古时代的淳朴自然，虽然你挨家挨户去劝导，也是枉然，始终不会达到"化民成俗"的崇高理想。

故善者因之，其次利道之，其次教诲之，其次整齐之，最下者与之争。

这几句话就是经济的、政治的大原则。善于运用的人，就因势利导，像那个水流一样，流下来的时候你不能挡，你只好将就它那个力量，慢慢疏导出去。次一等的就"利道之"，等于我们骑在驴子的背上，驴子不肯走，拿个竹竿，前面吊个红萝卜，驴子要吃红萝卜就永远向前面跑。用一个好的利益摆在前面，给他一个目标走，这是第二等。再其次的，只好取用严格规范的管教方法来教导他们了。刚才我跟一个年轻朋友谈话，也是做大事的，我说：你的公司怎么样？他说军事化管理，我就笑了。现在讲管理军事化，越管理越不好，这是"教诲之"。管教也达不到目的，就只好制定法律规章来整齐划一地统治。最下等的政治、经济管理是"与之争"，与民争利了。公家跟私人企业争利，或者上下争利，那就完了。

《货殖列传》里头，怎么致富的，他说了一些要点，经典中的名言很多。

《周书》曰："农不出则乏其食，工不出则乏其事，商不出则三宝绝，虞不出则财匮少。"财匮少而山泽不辟矣。此四者，民所衣食之原也。原大则饶，原少则鲜。上则富国，下则富家。贫富之道，莫之夺予，而巧者有余，拙者不足。

这一段司马迁先引用了《周书》，然后接着说：财货缺乏，山泽中的资源就不能开发。农、工、商、虞这四种人的生产，是人民赖以穿衣吃饭的来源。来源大就富足，来源小就贫困。来源大了，对上可以使国家富强，对下可以使家庭富裕。贫穷与富有，是不可以靠抢夺，或是施舍给人的。这都需要人的聪明智慧去设法取得，所以灵巧勤劳的人就富裕有余；愚笨懒惰的人，就始终不够用了。

"富无经业，则货无常主，能者辐凑，不肖者瓦解。"这几句话千万记住！我看司马迁的人生学问都在这里。"富无经业"，怎么样发财没有一定的，也没有长久的，哪一行、哪一业也不一定，最后是靠你自己的智慧，不能说哪一行对，或者可以一直发达下去。

"货无常主"，财富不会永远属于你的。我也常常告诉大家，财富是个什么东西？拿哲学道理来说，尤其是佛学的道理来讲，财富属于你的所用，不是你的所有。你一生即使有再多的钱，只有临时支配的使用权，并不真是你的所有，而且只有你用到的、真用得对的，才是有效的，否则都不是的。

　　所以中国古人说："富不过三代。"依我这八九十年的经验来看，三代都不会，富不过二代的很多。一下子就变了，没有了。所以"能者辐凑"，有能力的就赚来，其实不仅仅是靠能力或劳苦，还要其他很多因素凑拢来的，像车子的轮子一样，一条一条的辐条凑拢来的。"不肖者瓦解"，能力不够了，或者其他条件不行了，一下就没有了。

　　"千金之家，比一都之君；巨万者，乃与王者同乐。岂所谓素封者邪？非也？"司马迁在这里讲，他说有千金财产的人，"比一都之君"，好像与地方首长平起平坐。达到百万，现在不是百万了，就是你们讲的多少个亿。他说达到这个，"乃与王者同乐"，他的享受比部长、省长乃至国家领导人都好。"岂所谓素封者邪？非也？"他说这个并不需要祖传的，靠自己努力来做到这样。

　　最后引用管仲的名言："故曰：'仓廪实而知礼节，衣食足而知荣辱。'礼生于有而废于无。"这个"礼"包括很多，所以管子的经济政治从这里开始，经济不建立好，这个社会讲文化就没有基础；反过来讲，文化没有基础，这个社会经济发展就是个病态，"礼生于有而废于无"。"故君子富，好行其德。"所以文化的修养很重要，品德好的人富有了，会做好事，做功德。"小人富，以适其力。"没有修养的人发财了，就用到享乐上，或者做坏事去了，或者继续再投资，为了钱而赚钱。至于怎么样用钱才好，根本不懂。

"渊深而鱼生之，山深而兽往之，人富而仁义附焉。"这三句是重点的话。水很深时，可养很多的鱼；山很深了，里头有很多的动物；人富有了，有了财富要养仁，讲仁义道德等。不是说人富有了自然会有仁义道德，那是要提醒自己反省自己，要注重修养才会有的。

"富者得势益彰，失势则客无所之，以而不乐。"树倒猢狲散，猴子是为了桃子才来的。不是只有财富吸引人，道德学问的富有，也会吸引人来学习归附。"富者得势益彰"，富有了，得到势力，有机会再发展。"失势则客无所之"，你倒霉了，朋友也没有了。所以你的朋友很多，要考虑考虑是你道德的关系，还是你财富的关系，自己要反省。

"谚曰：'千金之子，不死于市。'此非空言也。"从前的谚语说：有钱家庭的孩子，不会死在路上，总是有人招呼的。没有人招呼，说不定就死在哪里。

"故曰：'天下熙熙，皆为利来。天下攘攘，皆为利往。'"

这是司马迁的名言。"夫千乘之主，万家之侯，百室之君，尚犹患贫，而况匹夫编户之民乎！"

　　他有一个结论，谁都怕穷，可是反过来看，人究竟富有到什么程度才满足？看了这几句话，你可以答复，人永远不满足。"千乘之主"是皇帝，"万家之侯"是诸侯，"百室之君"是地方的首长。他说每个人，不管官多大、钱多少，随时仍觉得不够。依我的经验，我常常告诉同学们，人生啊，永远感觉到缺一间房间，身上永远感觉缺一块钱。所以，"千乘之主，万家之侯，百室之君，尚犹患贫"，那么有力的人，自己还感觉到不够、不满足。"而况匹夫编户之民乎"，所以，一般人的欲望是不会满足的。这是司马迁在这一段的结论。

　　　　　　　　　（选自《原本大学微言》《漫谈中国文化》）

第六章

穿透迷雾的历史眼

文化的中心是历史

一个国家、民族的文化中心就是自己的历史，这是非常非常重要的。如果自己祖先的历史文化传统都不知道，那就是中国文化的名言"数典忘祖"。全世界有六七十亿人口，有许多国家，但是最注重历史的是中国人。希腊、埃及、印度及中国是四大古国，都有几千年的文化，可是希腊、埃及、印度都没有中国这样注重历史。

我们以前读书非常重视历史跟地理，一个国家的民族若不知道自己的历史和地理，是个大笑话。一定先要了解自己的历史和地理，再推而广之，了解世界上每个国家的历史和地理，这是一个国家民族意识的中心。

我经常告诉青年人，你们想要了解国际政治，要晓得全世界多少国家、多少宗教、多少民族，就必须先了解自己国家的历史、政治、宗教、民族。你们不管有没有出国留学，对自己历史的研究，对远古、上古、中古等的了解，都连一点影子也没有。我在外国对中国的留学生讲，你们要了解世界政治，赶快去读春秋战国。现在的世界政治就是春秋战国的放大形势，在我看来几乎是一模一样的。在欧美留学拿到博士、硕士学位回来，就想把某个国家的文化体制用到中国，就想治国平天下，懂个什么？这叫"隔靴搔痒""药不对症"，可以说影子都没有，所以不读历史是不行的。

历史本来就是人和事经验的记录，换言之，把历代人和事的经验记录下来，就成为历史。读历史有两个方向：

一是站在后世——另一个时代，另一种社会形态，另一种生活方式，从自我主观习惯出发，而又自称是客观的观点去看历史。然后再整理那一个历史时代的人事——政治、经济、社会、教育、军事、文学、艺术等，从各个不同的角度去评论它、歌颂它或讥刺它。这种研究，尽管说是客观的批判，其实，始终是有主观的成见，但不能说不是历史。

二是从历史的人事活动中，吸取教训，学习古人做人临事的经验，作为自己的参考，甚至，借以效法它、模仿它。中国自宋代开始，极有名的一部历史巨著，便是司马光先生的《资治通鉴》。顾名思义，司马先生重辑编著这一部史书的方向，其重点是正面针对皇帝们——领导人和领导班子们，做政治教育必修的参考书。所谓"资治"的含义，是比较谦虚客气的用词。资，是资助——帮助的意思；治，便是政治。合起来讲，就是拿古代历史兴衰成败的资料，帮助你走上贤良政治、清明政治的历史经验。因此，平常对朋友们谈笑，你最喜欢读《资治通鉴》，意欲何为？你想做一个好皇帝，或是做一个顶天立地的大臣和名臣吗？当然，笑话归笑话，事实上，《资治通鉴》就是这样一部历史的书。

我十二岁一个人在山上庙子里读书，不是读《资治通鉴》，是读《纲鉴易知录》。一年两个月当中已经读了三遍，基础打稳了，所以对历史比较有兴趣也比较注意，而历史与文化是整体的。

我们现在研究历史，你们许多人在大学里也读历史，你问要看哪一个教授写的，我不加意见。有些人看中国经济史、中国教育史、中国文学史……我就笑了，看这些书等于钻牛角尖，没有全盘了解。因为这是一般读书人在读了历史以后，站在某个立场观点写的。

我们的历史，单讲正史，留下来的有二十五史，每一代的历史都有详细的记载。不注重历史，你就不懂政治，不懂经济，也不懂商业，这些学问经验历史上都有。有人问我，我们推翻清朝到现在是九十九年，再一年就一百年了，一百年以后你看中国的前途怎么样？我说要想了解现在这个时代，你去读历史。古书上说"观今宜鉴古，无古不成今"，想知道未来，要知道过去，不懂得历史，你怎么晓得未来，更别谈想懂人类社会文化是怎么演变的。这是告诉大家历史的大要。

古人对中国历史研究的方法，有一句话叫"经史合参"。什么叫经呢？就是常道，就是永恒不变的大原则，在任何时代、任何地区，这个原则是不会变动的。但不是我们能规定它不准变动，而是它本身必然如此，所以称为"经"。而"史"是记载这个原则之下时代的变动、社会的变迁。我们要懂得经，必须懂得史。这样研究经史，才有意义。

四书五经等，是哲学的重点。光是懂那些原理，不懂历史，不将人生、社会、国家整个的经验融合，那个学问是没有用的，那只是空洞的理论，讲得再好听，没有时间的经验来实证，是没有用的。

所以古人有所谓"刚日读经，柔日读史"的说法。年轻人一看这句话，头大了，什么"刚日""柔日"的。其实很简单，所谓"刚日"就是阳日，也就是单日；所谓"柔日"就是阴日，也就是双日。

但是在"刚日读经，柔日读史"这句话里，刚日、柔日的意思不是这么呆板的。所谓刚柔，代表抽象的观念，"刚日"就是指心气刚强的时候，这里看不惯、那里看不惯，满腹牢骚，情绪烦闷。这时候就要翻一下经书，看看陶冶性情的哲理，譬如孟子的养气啰，尽心啰。相反地，如果心绪低沉，打不起精神，万般无奈的时候，那就是柔日，就要翻阅历史，激发自己恢宏的志气。

中国的历史，比较详细的记载是从周朝开始的。《礼记》上告诉我们，我们这个民族文化很特别，从上古黄帝一直到周朝，史官的职位是帝王封的，但是封成史官以后，帝王不能干涉。所谓"左史记言，右史记事"等，在帝王旁边的史官，左史记言，皇帝及臣子们所说的建议语言，都要真实地记录；右史记事，帝王做了国家大事，或是亲近女色，做了什么事，都如实记下。中国古代史官的权力有这样大，这种体制也是全世界独有的。

研究中国历史，不是光研究历史而已哦！过去几十年都在学西方的哲学，我们童年的时候，英美留学回来的学者说中国没有哲学。我就笑，说我是乡下人，喝中国水沟的水长大的，你们喝洋水的，把洋水带回来，我也尝到一点点。中国怎么没有哲学？中国的哲学在诗词歌赋里头啊！不像欧美的哲学是专门的，所以中国讲历史是文哲不分，文学跟哲学分不开的。同时文史不分，你看每一个写历史的人都是大文豪，也都是诗词歌赋非常好的人，史学家都是大文学家。还有呢？文政不分，司马光是宋朝的宰相，历代写历史的人都是翰林大学士，都是大官呀，所以文政不分，自己政治上有经验。还有文艺不分，除了诗词歌赋以外，音乐、舞蹈，民间好的坏的风俗，天文地理，无所不知，通才之学。所以学了历史有这样的伟大。

（选自《廿一世纪初的前言后语》《历史的经验》
《论语别裁》《漫谈中国文化》《孟子与公孙丑》）

因果观与历史哲学

《易经》里说："积善之家，必有余庆；积不善之家，必有余殃。"

这是中国文化的原则，大家要特别注意的，我们中国文化，东方文化，最喜欢讲因果报应。如果过去没有研究过《易经》，都以为这是佛家的思想，来自印度，事实上中国、印度、东方文化都建立在因果报应基础上。

由此我们了解，中国过去五千年文化思想的教育、政治、道德等的基础，都是建立在因果基础上，所以大家都怕不好的报应，乃至做官的人，要为子孙培养后福，都是怕因果。不过因果的问题是宗教哲学的大问题，研究起来也是很好的一本书，一篇很好的博士学位的论文。佛家的因果，是讲本身的三世，即前生、现在及后世。中国儒家的因果讲祖宗、本身、子孙三代，就是根据《易经》这里来的。

这也是一个历史哲学问题，尤其这几句话，我们都晓得用，知道是孔子的话，这是中国文化几千年来不变的原则。

现在当然社会道德已变动了，但是据我个人仔细地观察研究，我们中国人年轻一代尽管怎么变，这个观念还是有，这是我们民族血统中的观念。

我们要注意"余庆""余殃"的"余"字，余是剩下来的，是有变化的，并不是一定报在本身。这是中国人对因果报应的看法，中国文化一切都建立在这因果报应上。由此看来，刘备在临死的时候，吩咐他儿子两句话："勿以善小而不为，勿以恶小而为之。"以刘备这样一位枭雄，对自己的儿子做这样的教育，都是从中国旧文化来的观念。我们看历史传记，常常提到某某人的上代，做了如何如何的好事，所以某某人有此好结果。

将来中西文化汇合以后如何演变？还不知道。现在据我所知，最近在美国，宗教的活动，自哈佛大学开始，已经变了，提出"宗教一家"的口号，主张宗教不能分家。其次，美国的一般学者、知识青年，也非常相信三世因果。所以中国人的家庭教育要注意，尤其现在为父母的人，教育下一代，为了国家民族文化，这个观念还是绝对不可忽视的。

下面孔子对于这个观念做了演绎，从此，也可以知道孔子为什么作《春秋》，写历史，历史的法则就在这里。

"臣弑其君，子弑其父，非一朝一夕之故，其所由来者渐矣，由辩之不早辩也。《易》曰'履霜坚冰至'，盖言顺也。"

春秋战国的时候，孔子看到社会多么乱，看见当时不孝不仁的人太多了，所以提倡孝、提倡仁。社会文化，像人吃的药一样，哪一种病流行，就倡用医哪一种病的药，假如这两天感冒流行，药店的感冒药就卖得多。大学里开课，社会需要什么人才，学校就开什么课程，教育就是这么个道理。

所以我们看了四书五经很伤感，可见中国这个民族，可怕的一面是不孝、不仁、不义的太多，所以孔子提倡仁呀！义呀！孝呀！几千年来，有几个真孝、真仁、真义的？

孔子这里就讲出了这另一面："臣弑其君"，部下叛变干了主管的；"子弑其父"，儿子杀父亲的，春秋战国这类例子太多了。尤其是利害之间、兄弟姊妹之间，都是杀、抢。"非一朝一夕之故"，不是突变来的，一个社会文化演变不是突然而来的。"其所由来者渐矣"，是渐进的，也是《易经》的法则，一爻一爻，慢慢变来的。

根据《易经》中孔子的这个道理，我们看近六十多年的历史，乃至推到近百年历史，或远推到清朝中叶，十九世纪开始，我们的社会一步一步演变到今天。对于今天的这个社会现象，有许多人看不惯，很难过。我觉得没有什么，这都是渐渐来的，不要怕，有时一个变动就变好了。"其道穷也"，现在已经差不多到这地步了，非回头不可。"由辩之不早辩也"，这是辩论的辩，也是辨别的辨。在家庭教育来讲，就是对一个孩子变坏，没有早看清楚；以历史来讲，就是不好好领导，不早辨别清楚，所以发生动乱。这也是讲历史哲学，也是社会史，也是文化发展史。

譬如中国文化，为什么发展到现在一直要提倡自然科学？"其所由来者渐矣"，也是慢慢变来的，不要以为现在这个科学时代已到了顶点，还是要变的，当然还有更新的科学时代出来。《易》曰'履霜坚冰至'，盖言顺也。"这就解释引用初六爻的话说，学了《易经》，脚踏在地上发现降霜了，就知道冷天快要来了。到了春天，立春以后，气候一暖，夏天的衣服也要准备拿出来了。都有前因后果，这是中国文化主要的精神所在。

（选自《易经杂说》）

唯时史观与理想国

　　章学诚是乾隆时有名的进士，也就是当时的名士，学问很好。他讲过一句名言："六经皆史也。"这句话非常有道理，"四书五经"都是历史。譬如讲历史，你先要懂《易经》，不是要你懂八卦，那太难了，你要先看孔子研究《易经》的报告，叫《系传》。他把宇宙社会的演变程序，很科学地告诉你了。还有像家庭及个人的一生、生命的旅程和价值，也都告诉你了。

　　大家都讲儒家的代表是孔子，我们晓得，在孔子手里，把中古到上古渊博的文化浓缩下来，以唐尧为标准。你看孔子嘴里的话，随时口称尧舜，但是不大提大禹，只提了一两次，"禹，吾无间然矣"。对于禹，他说：我没有话讲，不敢批评。因为禹对中国人功劳太大了，把洪水大患整治成了水利，奠定了几千年农业立国的基础。可是孔子却只称尧舜。他对于汤武革命也有意见，并没有明说，大家看不出来。这就是历史的眼，"史眼"。

孔子一辈子真正的学问，不是《大学》《中庸》哦。《大学》是他的学生曾子著的，传授孔门心法。《中庸》是他的孙子子思作的，子思是曾子的学生。孔子的讲学对话记录是《论语》，是他的学生们编集的。那么孔子有没有真正的著作？有，《春秋》，还有《易经》的《系传》等十翼。孔子为什么把他编著的历史叫作《春秋》，不叫"冬夏"呢？这是根据天文来的，每年春分与秋分这个阶段，气候温和，不寒不冷，昼夜均长，所以春秋的意思就是平衡，像秤一样的公平。这是孔子著《春秋》的深意。

《春秋》他是只写纲要哦，没有写内容，等于是左史记事，没有记言；中间的历史内容是他的学生传承编集的。《春秋》有三传，《左传》《公羊传》《穀梁传》，把内涵加进去补充说明，三家各有不同观点。

孔子著了《春秋》以后，他认为别人不一定了解他的历史哲学观，因此讲了两句话："知我者其惟《春秋》乎，罪我者其惟《春秋》乎。"他说将来后世的人如要骂我，是因为我著了《春秋》；真正懂我的人，知道我讲中国文化精神在哪里的，也是因为《春秋》。所以说《春秋》有微言大义。有没有人骂孔子？有。像我们小的时候读书，有些古板的老师不准我们读《春秋左传》，也不准我们看《三国演义》，更不可以看《红楼梦》《水浒传》。他们说《红楼梦》是淫书，黄得不得了，看了就会学坏了；看《春秋左传》《三国演义》，你将来会变奸臣，喜欢用权术智谋。

所谓"微言"是在表面上看起来不太相干的字，不太要紧的话，如果以文学的眼光来看，可以增删；但在《春秋》的精神上看，则一个字都不能易动，因为它每个字中都有大义，有很深奥的意义包含在里面。所以后人说"孔子著《春秋》，乱臣贼子惧"。为什么害怕呢？历史上会留下一个坏名。微言中有大义，这也是《春秋》难读的原因。

那么《春秋》记载什么呢？记载"唯时史观"。魏承思老师有一天跟我讨论，他说西方讲唯物史观。我说不对，那是十九世纪的东西，不谈了，世界上的宇宙万有不完全是唯物的。那么唯心史观对不对呢？也不对了。魏老师说那中国的历史是什么。我说是"唯时史观"。你看我们的史书上，不把帝王当主体，他的纪年先讲甲子、乙丑、丙寅、丁卯……以时间来推算的，这个时间怎么编呢？一个花甲六十年。

《春秋》中记载了周朝后期二百四十多年的历史，当时中央天子虽没有垮台，但诸侯之间互相吞并，道德沦丧，整个社会国家都乱了。其间"弑君三十六"，臣子弑侯王的有三十六起；"亡国五十二"，周朝初期分封的八百诸侯相互兼并，到春秋时期所剩无几，到战国后期更只剩下七个较为强大的国家。当时社会呈现这么一个乱象，文化道德丧失到这种程度，《春秋》记录的便是这样的情况。

孔子著的《春秋》，比较说来，是中国第一部创作的历史纲要。其他记录各诸侯国历史的有《战国策》《国语》等，只是笔法不同。

但是后世的人有些搞不清楚了，我也常常问专门研究国学历史的年轻同学们，《春秋》讲什么？后世一般学者讲《春秋》是"尊王攘夷"的思想，认为尊王就是尊重王权，专门拥护帝王专政，攘夷就是排斥外来野蛮民族的文化。我说孔子一定不承认这种观念。但是日本人采用《春秋》所谓尊王攘夷的精神，创造了日本明治维新的历史局面。明治维新最特出的代表不是日本天皇，而是首相伊藤博文。当然维新也不是伊藤博文一个人的成功，但是伊藤博文赢得了历史的盛名。他推崇尊王攘夷的精神，日本因此兴盛起来，把当时美国、英国的力量赶出日本。

我们研究《春秋》的精神，有"三世"的说法。尤其到了清末以后，我们中国革命思想起来，对于《春秋公羊传》之学，相当流行。如康有为、梁启超这一派学者，大捧《公羊传》的思想，其中便提《春秋》的"三世"。所谓《春秋》三世，就是对于世界政治文化的三个分类。一为"衰世"，也就是乱世，人类历史是衰世多。研究中国史，在二三十年以内没有变乱与战争的时间，几乎找不到，只有大战与小战的差别而已，小战争随时随地都有。所以人类历史，以政治学来讲，未来的世界究竟如何？这是一个非常大的问题。学政治哲学的人，应该研究这类问题。

如西方柏拉图的政治思想，所谓"理想国"。我们知道，西方许多政治思想，都是根据柏拉图的"理想国"而来的。在中国有没有类似的理想？当然有，首先《礼记》中《礼运·大同》篇的大同思想就是。我们平日所看到的大同思想，只是《礼运》篇中的一段，所以我们要了解大同思想，应该研究《礼运》篇的全篇。

其次是道家的思想"华胥国"。所谓黄帝的"华胥梦"，也是一个理想国，与柏拉图的思想比较，可以说我们中国文化有过之而无不及。但从另一方面看，整个人类是不是会真正达到那个理想的时代？这是政治学上的大问题，很难有绝对圆满的答案。

因此我们回转来看《春秋》的"三世"，它告诉我们，人类历史衰世很多，把衰世进步到不变乱，就叫"升平"之世。最高的是进步到"太平"，就是我们中国人讲的"太平盛世"。根据对中国文化的历史观察来说，真正的太平盛世，等于是个"理想国"，几乎很难实现。

我们《礼运》篇的大同思想，就是太平盛世的思想，也就是理想国的思想，真正最高的人文政治目的。历史上一般所谓的太平盛世，在"春秋三世"的观念中，只是一种升平之世，在中国来说，如汉、唐两代最了不起的时候，也只能勉强称为升平之世。历史上所标榜的太平盛世，只能说是标榜，既是标榜，那就让他去标榜好了。如以《春秋》大义而论，只能够得上升平，不能说是太平。再等而下之，就是衰世了。

（选自《廿一世纪初的前言后语》《论语别裁》）

司马迁的历史眼

　　中国古人讲，研究历史要经史合参，经史合参的目的在哪里？就是司马迁的话："究天人之际，通古今之变。"天，是宇宙物理世界；人，是人道。所以读历史不是只读故事，不是只知道兴衰成败，还要彻底懂得自然科学、哲学、宗教，通一切学问。"通古今之变"，你读了历史以后才知道过去、现在，知道未来的社会国家，知道自己的祖宗，知道自己的人生，知道以后你往哪个方向走。司马迁提出了孔子《春秋》的内涵，也就是"究天人之际，通古今之变"。

　　司马迁平生有"读万卷书，行万里路"的精神，他写《史记》的时候，也考察了各个地区的有关史料。不过我在这里再加上一句话，一个人要想成就自己的学问，除了"读万卷书，行万里路"，还要交一万个朋友，当然最好是交好朋友，交到坏朋友就麻烦了。

　　《史记》比起《春秋》又有不同，司马迁自己创作了一个新的历史体裁，他的精神在八书，不像《战国策》《国语》

等史料各有各的系统。《史记》以后才有班彪、班固父子作的《汉书》，后面的历史都照《汉书》的体裁慢慢演变。

《史记》用的是传记体，体裁同别的都不同。他用传记体裁，等于写小说。所以我常常告诉年轻人，你要读《史记》，想要懂司马迁写什么，最好也读《聊斋志异》。你以为说鬼话就那么无聊吗？司马迁常称"太史公"，实际上是推崇他父亲，因为他父亲司马谈也是太史令，同时也表达一个史官的历史责任。蒲松龄写《聊斋志异》，在每一篇异闻、鬼话之后，他也跟司马迁一样，他自称"异史氏"。所以想把文章写得好，想做个好的新闻记者，你非读《聊斋志异》不可，要学会他写故事的手法。他在重要的故事后面常有个评论，就是"异史氏曰"，和司马迁写《史记》"太史公曰"一样。这是我们读历史应具备的一只眼睛。

我当年年轻，自己认为学问也不错，抗战初期那时二十几岁，在四川成都中央军校教课。这个时候，我见到我的老师袁（焕仙）先生。我一生的老师很多啊，唯有这位老师很特别。那个时候，人家说我诗词文章都好，又说我文武全才。他听了就说南怀瑾是一条龙，我要把他给收了。这是后来人家告诉我的。

有一天，我们两个人谈话，谈到古今中外的学问，谈到历史，谈到写文章，他就很严厉地问我："你读过《伯夷列传》没有？"我说："先生啊，我太熟了，十一二岁就背来了。"他说："嘿！你会读懂吗？"我说："是啊，都背来了。"他那个态度，把胡子一抹，眼睛一瞥："嗯！这样啊！"样子很难看。他这么一讲，我愣住了，我就说先生啊，我们那个时候不叫老师，叫先生。"先生啊，你讲得对，也许我没有读懂。"他就说回家好好读一百遍。

我这时心里真的有一点火了，但是还有怀疑，他怎么这样讲呢？《伯夷列传》我很清楚，我现在都还能背得出大半。回去我真的把《伯夷列传》拿出来好好地用心再读，反复思考，当天晚上明白了。我第二天去看袁先生，我告诉他："先生,《伯夷列传》我昨天回去读了一百遍。"他就哈哈笑了，说："不要说了，我知道你明白。"你们读书称呼老师，这就是老师了，这是书院精神，让你自己读通了。这是读书的眼睛，读史的眼睛。

司马迁写《史记》，重点在列传，第一篇写《伯夷列传》，你去看看。照一般写传记，写一个人，譬如说你姓王或姓李，山东人，哪里毕业，做了什么事，讲了什么话，这是传记。但是他写《伯夷列传》，没有几句话。武王那时是诸侯，他起来革命，要出兵打纣王，几百个诸侯都跟着他，纣王是皇帝哦。伯夷、叔齐是孤竹君的两个儿子，读书人。这两个老头子，"叩马而谏"，武王出兵的时候，他们把武王的马拉住了，劝他不要出兵，只有几句话。第一，你父亲文王刚刚死，还在丧服之中，用兵是不应该的。第二，你更不应该去打纣王，他至少是你的天子，你周朝也是他封的，你怎么可以以臣子出来打君长呢？然后"左右欲兵之"，旁边的人要杀这两个老头子，这时姜太公说话了，"此义人也"，你们不要动手，要尊重他们，这两个是中国文化读书人的榜样，请他们回去，好好照顾着。后来武王灭了纣王，建立了周朝。列传中有一句，"义不食周粟"，等于说，你这样做是"以暴易暴"，不过是一个新的暴君打垮一个旧的暴君而已，所以他们绝不吃周朝土地上生出的任何一颗米，两人饿死在首阳山。

这是司马迁为他们所作传记的重点。然后下面都是理论，理论什么？对历史的怀疑，人性的怀疑，宇宙的怀疑，因果的怀疑，你们回去多读这篇《伯夷列传》就知道。从古至今都说"善有善报，恶有恶报，不是不报，日子未到"，为什么天下的坏人都很得意啊？为什么坏蛋造反都有理呢？强权为什么胜于公理？这个因果报应在哪里啊？这是司马迁在这一篇的怀疑，也是对上下古今历史打的问号。

但是这一篇就告诉你，中国文化不赞成这些帝王，做帝王的干什么呢？所以你要去看书了。你看唐朝杜甫的诗，这是讲到历史的参考，这是看历史的眼睛，杜甫写那个唐太宗得唐朝的天下，两句名诗，"风尘三尺剑，社稷一戎衣"，你看多漂亮！换句话说，你唐朝的天下是打来的，你消灭了各路英雄诸侯，最后是你拳头大，当了皇帝，整个的国家就是打来的。毛泽东当然也懂这个，他是熟读《资治通鉴》的，枪杆里面出政权。可是杜甫不是那么讲，杜甫讲得很文雅，"风尘三尺剑，社稷一戎衣"，这是历史的眼睛。

还有唐人章碣的两句诗："尘土十分归举子，乾坤大半属偷儿。""举子"，就是考取举人、进士啊这些人。读书人一辈子很可怜，死了埋在泥土里。换句话说，我们这些读书的知识分子，没有什么了不起，最后归到烂泥巴而已，读书有屁用啊！这个宇宙天下都是用权力与手段骗来、偷来、抢来的。这两句诗就把功名富贵，有钱财的，有权势的，统统批评了。唐人的诗像这样的有不少，这是历史哲学的观点。

司马迁写《史记》，不同于《春秋》，《史记》有五种体裁，做皇帝的叫"本纪"。做宰相诸侯的，以及了不起的人如孔子，这些叫"世家"。古人说的世家子弟，就等于现在说的高干子弟，就是这样来的。其他普通一般的，就叫作"列传"。还有"表""书"等体裁。他写《史记》这几种体裁，大都用传记体写，不像《春秋》，他这是首创，在他以前没有，以后大家慢慢跟他学的。刚才讲列传第一篇，以伯夷、叔齐代表一个高尚的人格道德，然后各种各样的人都有，而且他很特别，《游侠列传》《刺客列传》，什么都写了；乃至写《货殖列传》，做生意的、盗墓发财后来称王的，什么都有，做偷儿、做妓女也可以发家的，他讲得非常白、非常清楚，有各种列传。

司马迁引用孔子一句名言，是讲写作历史的重点——"我欲载之空言，不如见之于行事之深切著明也"。他说写历史、写文章，如果光讲空洞理论，没有用，他用传记体来写，等于写小说一样，把一个人一辈子的思想、行为、言语，写得明明白白的，让大家看得清楚，这是他写历史的眼睛。所以我们读历史，要经史合参，要学观音菩萨千手千眼，每一只手里有一只眼睛，每一只眼里有一只手，要清清楚楚。

你看他写皇帝，刘邦是《高祖本纪》，写项羽也是本纪，他认为项羽跟刘邦是一样的，平等看待，只有他敢，也只有他做到了。班固后来写《汉书》，就改了，项羽不是本纪，就跟陈胜、吴广一样了，这个问题就很大。

（选自《廿一世纪初的前言后语》）

第七章

政治有原则

为政不是政治，礼治不是法治

　　许多人认为《为政》是孔子的"政治思想"，或者用现代的语汇来说，称之为"政治哲学"。在我个人研究的结果，认为这个说法是不对的。孔子很少提到完整观念的"政治"，孔子只说"为政"，这点我们要特别注意。"政治"如孙中山先生所说的，"管理众人的事"。孔子所提的"为政"是教化，"教化"是中国文化的名词，不能看成是教育。教是教育，化是感化，但过去又不叫作感化，而叫作风化。为政的意义包括了教化。这个重点我们必须把握住。

　　我们过去的历史文化，从孔子开始的儒家，乃至传承孔门心法的曾子、子思，甚至孟子，始终是秉承三千年来"宗法社会"的伦理传统，发扬人道的人本位思想。

　　大家庭的家族，便是人群社会的基本，犹如一个小国的雏形，而且它所注重的是"礼治"，而不是"法治"。"礼"是文化的教养，道德榜样的感化。"法"是人为建立适应时（间）空（间）环境的规矩，用来管理人的行为，使其在人与人之间、人与社会之间，可以平衡利益、调整利害冲突。殷周以前，中国文化的政治指标是以礼治为主，法治仅是辅助礼治不足的偶尔作用。如果要研究讨论礼治和法治的比较，问题可不简单，必须从人类社会发展史、人类经济发展史等学科来综合研究。

我们现在提到礼治、法治的问题，只是要大家了解孔门儒家传统学问的主旨所在，是以人本位的"人伦"之道出发，外及"为政"的原则原理。所谓"修身、齐家、治国、平天下"的一贯道理，都不外于这个范围，它并不是讲政术、政法的运用法则。

同时更要了解，由于传统文化以"宗法社会"的"家族"为主，从夏朝开始，由尧舜以来的"公天下"，一变为"家天下"。到了周秦以后，确立以一姓一家为代表的国家天下，"大家长"号称"帝王"。这个制度习惯一直运作了两千多年，直到二十世纪初期，才与西方后期的民主等思想相结合。与孟子所说"民为贵，社稷次之，君为轻"完全一致。但在我们文化思想习惯的血液中，至今还存在着"宗法社会"帝王"大家庭"的阴影。

那么，原本《大学》关于"治国必齐其家"的原文是怎样说的呢？"所谓治国必先齐其家者，其家不可教，而能教人者，无之。故君子不出家，而成教于国。"

在这一节里，先要了解所说的"教"字，照传统文字学的解释，教者效也。这个字的内涵，便有教化、教育和效果的意思。因此，便知它所说的是人人要求自己的学养，发挥"外用（王）"，先要从齐家做起。而且更要了解这个"齐"字，在传统文字学的解释上，有平等、平衡、持平、肃静的内涵。

因为你从"成人"而进入"大学"的阶段，既已养成"致知、格物、诚意、正心、修身"的"内明（圣）"之学，自然也可以因"身教"而影响自己的家人，使他们能够了解做人处事的标准方向，而使整个家庭安和乐利。假使对于亲如家人都不能达到教化、教育的影响效果，那么你说替别人做事业，反而能教化、影响大家，那是肯定不可能的。所以说，一个真有学养的君子，即使不走出家门一步，也能够对整个社会、国家起教化、教育的影响。

《大学》中有关建立和颁布法令的基本原则，所谓："是故君子有诸己，而后求诸人。无诸己，而后非诸人。所藏乎身不恕，而能喻诸人者，未之有也。"

这是说，从事政治的当权者或立法者，当你要发布命令或建立法制的时候，不要忘了自己也是一个最基层的平民群众，也是对象的当事人，只是现在立场不同，处境不一样而已。如果自己接受这个命令，是不是可以做得到、行得通呢？假定人人是我，如果在我自己的心中也有所碍难，也觉不妥，那就不能随便下令或立法而要求别人遵守了。

不过，这几句话的内涵很广也很重要，它是有关法律和政令的法理问题，也就是法律学的哲学问题。人类的社会原本无法，"法由人造"，"令自人兴"。以传统的文化历史来说，夏、商到西周的时期，姑且统归在礼治的社会。所谓礼治的精神，首先的原则注重在教化。因为那个时期，文化智识教育只属于官府和士大夫所有，教育并不普及。平常的人们，客气一点都叫作"庶民"，不客气一点，都算是"愚氓"。用俗话来讲，也叫作"细民"，细就是小的意思，"细人"就是小人。

　　礼治，不但在于要求上层阶级的士大夫们，同时也是要教化一般的庶民。所谓"不教而诛之"，则过在士大夫们所从政当权的官府，并不完全重责于庶民，这是礼治文化最重要的精神所在。

　　到了东周以后，姑且以秦始皇先祖秦襄公时代做代表来划定界限，从商鞅变法开始，才使主张法治的法家之学崭然露其锋芒。因此，到了秦始皇建立帝王政权，专门注重法治，法令严密。

　　注重法治的管理，便是霸道的效用。王道的礼治和道家的"慈俭"，固然是应时良药，温和清凉，但有时的确难以治愈重病或急症。

（选自《论语别裁》《原本大学微言》）

王道：以德服人

孟子曰："以力假仁者霸，霸必有大国。以德行仁者王，王不待大。汤以七十里，文王以百里。以力服人者，非心服也，力不赡也。以德服人者，中心悦而诚服也，如七十子之服孔子也。《诗》云：'自西自东，自南自北，无思不服。'此之谓也。"

孟子提出的王道精神，是中国政治哲学的一个大原则。自孟子提出这个观念以后，中国历代的政治思想均以此作为政治的大原则。

孟子说"以力假仁者霸"，以权势及武力为手段，而又假借仁义为口号的，这种政治就是"霸道"。中国历史自尧、舜、禹三代以后，政治路线变了，所行的差不多都是霸道。而行霸道的先决条件，必须自己先能成为一个大国，也就是说国家本身的军事力量要强大、经济力量要雄厚、人民要众多、领土要广阔等。必须先具备这些厚实的国力，霸道才能行得通，所以孔子、孟子都认为，自周朝以来，王道就开始逐渐衰微了。

孔子在《礼记》的《礼运》篇中，说到人类文化衰微的演变，就感叹后世已失去了王道。世界大同思想体现于《礼运》篇中的一段，描写王道政治普遍实施以后理想的社会状况。他说，中国在上古时候的人类社会，就是这种大同世界的"太平"盛世；等而下之，王道的精神变了，王道的政治也没有了，但还可以致"升平"的社会；再等而下之，便是衰乱之世了。

而孟子在这里，就更加强调失去大同世界理想、失去王道精神以后的政治，都只是假借仁义的"霸道"而已。但是他为霸业下了一个定义：霸业必须具备一个强大的力量来行使治权。然而，纵使是一个具有强大力量的政权，要想图强称霸，还是要假借仁义之名，利用仁义做它的号召。

换言之，霸道的政权、霸道的君主、霸道的大国，如果不借仁义为名，还是不行，不能成为霸。历史上这类事例很多，一定要两者掺和来用，虽然有政权、有实力，但也还要借助仁义这块招牌。

例如十九世纪以后，西方政治思想所标榜的"自由民主"，表面听上去无可厚非，其实真正的"自由民主"也就是中国传统所讲的做到"王道"精神的一个渠道。可是到现在为止，全世界的国家民族中哪个真正做到了"自由民主"呢？即使有，也不过是假借自由民主之名而行霸权之实，不也正是孟子所说的"以力假仁者霸"吗？

孟子再为王道下一个定义，"以德行仁者王"，以最高的道德政治为中心来施行仁政，就是"王道"。而以道德为基础的仁政，则不在乎土地是否广大、人民是否众多、武力是否强大、经济是否雄厚等问题了。他并且举出历史的例子做说明。

这里要注意，引申孟子的思想，姑且裁定尧、舜、禹三代是上古最纯粹的、不着意的、本然而行的王道。他在这里所举的，是后世所称道的吊民伐罪——有所为而为的王道的代表。然而这一典型，也往往被后世假借而利用。他说，像商汤开始起来的时候，领土只有七十里；而周文王在开始建国的时候，领土也不过百里而已。幅员如此之小，他们却能够施行仁政，因为他们在施行之初并不是企图扩大领土，成为大国，也没有其他的野心。那是以一个道德的政治思想做原动力，所以不需要假借一个大国的力量去行使仁政。

中国的历史哲学中充满了儒家的色彩，而儒家从孔子开始，首先提出汤武吊民伐罪的革命事业。孔子平常不多谈汤武革命，到了孟子的时候，才比较提到汤武革命吊民伐罪的王道精神。

但是，古人很多对于汤武的革命抱有怀疑的态度，尤其是司马迁。在《史记》的《齐太公世家》里，他很巧妙地表明了对汤武革命的看法，《史记》之难懂，就在这种高明的处理手法。当他记叙周文王和周武王如何创业、如何兴起时，全篇都是好话。但是他的文章里有块"骨头"，这块骨头没有摆在这里，而是摆在《齐太公世家》里。齐太公就是姜太公，当他遇到文王、成为文王的辅政以后，司马迁用"阴谋修德"这四个字点出文王把道德仁义作为阴谋的手段，说明文王、武王还是假借仁义而已。文王与姜太公两人"阴谋修德"，这四个字，就表明了司马迁的看法，说出了历史事实的真相。他的文章真厉害，好像把一个钉子钉到另一个不受注意的地方。你不把这个钉子找出来，则全篇的关键、整个的观念就搞不清楚了。

不过话说回来，这是历史哲学家司马迁的观点！历史哲学家们所要求的，是站在中国文化的立场，对民族文化的精神负责，所以他是不顾一切的，只为发挥正义而秉笔直书。但是，历史上多少还是有些隐晦的地方，基于私德，司马迁不便做露骨的批评；基于公道，司马迁又不得不说出微言大义。于是他运用高明的智慧、优美的文字以及巧妙的手法，完成了这部巨著。所以，这部《史记》传下来，他敢吹这个牛说"藏诸名山，传之其人"。因此我们读《史记》，必须细心体会。否则，很多关键就忽略过去了，而不能懂得《史记》

的真义。

孟子更进一步引申王道精神说："以力服人者，非心服也，力不赡也。"后世的霸道以权力和武力去征服别人、慑服别人，而在表面上被征服、慑服的那些人，内心并没有真正地被降服或佩服这种征服者。实际上，只是因为自己力量不及，无法对抗，只好投降，做出服从的表示而已。做人也是同样道理，假如你比别人狠，比别人能干，比别人有钱有势，别人只有听你的，只好对你好了。譬如说你是一个有钱的老板，你公司里的职员因为要向你领薪水，只好听你的，但是他心里不服你，也不一定佩服你。

孟子又提出另一面："以德服人者，中心悦而诚服也，如七十子之服孔子也。"凡是以道德来服人的，是使别人内心高兴、心甘情愿去服从他，这就是王道。像孔子，只是一个平民老百姓，既无财又无势，什么都没有，自己还一度落魄到没有饭吃。可是三千弟子中的七十二贤人，这些忠心耿耿的学生，在任何情形之下都跟着这位老师，连饿饭的时候都跟着老师一起饿饭。因为孔子的修养、道德使他们衷心地敬仰，故而服从他，这就是以德服人的道德精神。

孔子也因此成为"素王"。这个"素王"是非常崇高的尊称，也就是千秋万世的王，等于佛教尊称释迦牟尼佛为"空王"一样。空王的含义则更为豁达，什么都不要，他并不想坐在大殿里垂目而称王。你来烧香是如此，不来烧香也是如此。所以空王、素王，都是一样极端高明。

孟子这一段画龙点睛之笔就在"七十子之服孔子也"这一句话，点出孔子"以德服人"而成就千秋素王之业。素王不是争取一时的功名富贵，不是要富有四海或保有天下的一代王业。换句话说，真正的王道德业有两种：一种是有实际的行为，见之于齐家、治国、平天下所表达的，如尧、舜、禹、汤、文、武；另一种便如孔子一样有素王之尊，永垂万古。我们拿西方文化的名词来说，这是精神文化的王国，永远属于孔子的天下。

"《诗》云：'自西自东，自南自北，无思不服。'"孟子接着又引《诗经·大雅》颂扬文王的话，东、南、西、北四方四境，普天之下，凡是有思想的人，没有不心悦诚服文王的。这种诗句的咏叹，就是歌颂王道的精神、王道的政治。所以王道就是这样，谁都会心悦而诚服的。

（选自《孟子与公孙丑》）

为政到底在人

齐景公问政于孔子。孔子对曰:"君君,臣臣,父父,子子。"公曰:"善哉!信如君不君,臣不臣,父不父,子不子,虽有粟,吾得而食诸?"

这就是中国政治哲学了,从古中国的政治哲学是建立在伦常文化的基础上的,就是孔子所讲的"君君,臣臣,父父,子子"这四点。现代的青年看起来,会认为这种书落后到极点,实在应该烧掉。如果我们真了解了,就觉得非常深刻,非常有味道。这八个字前面的"君臣父子"四字是名词,后面的"君臣父子"四字是借用来做动词。"君君"就是说领导人做到自己真正是一个领导人。领导人有领导人的道德。就这"君君"两个字,就可以写一部叫"领导人的道德修养及其哲学"的大书,或者作为政治系或哲学系同学写博士论文的题目。君是君,领导人就是一个领导人。臣是臣,做干部的有干部的立场,规规矩矩是个好干部,好的宰相,好的辅助人。这个话连起来讲，如果君不君，领导人不是一个领导人，违反了领导人应有的道德，这时臣也不臣了。"父父，子子"，做父亲的是一个父亲，如果父亲做得不合一个父亲的标准，但是却要儿女孝顺，尽儿女的本分，怎么可能呢？所以父母是父母，子女就是子女，这才是所谓的父慈子孝。

孔子答复了这一点，齐景公非常聪明，他说：好，我懂了。一个领导人自己不站在领导人的本位，越出范围，那么臣也不臣；一个家庭中，父母不像父母，儿女就不像儿女。如果一个国家，政治、社会的风气到了这个程度的话，国家的财富虽充足，我也用不到了，一定要失败的。这一点就是中国政治哲学的中心思想。

有人说，民主社会没有这个君，我们研究过三民主义——孙中山的思想，关于这个问题都讲过，不用再讲了，是一样的道理。过去是一人领导万人，现在是万人领导所有的人。民主政体下每个人都是君。所以我对一个美国朋友，谈到美国的情形，我说中国的民主思想和美国的两样。中国过去是帝王制度，没有民主自由的口号。而美国坏就坏在民主上，现在美国式的民主政治很成问题。国际上美国到处去帮忙，而没有一个受到帮忙的国家感谢美国，问题就在美国式的民主。

我们过去的政治思想，尽管是君主制度，据我的研究，中国历史政治的精神，是以民主为基础，君主是一个执行的形态。现在美国式的民主，老实说是以君主独裁为基础，而以民主为形态。美国是什么民主？所有的领导人，乃至于总统，后面都有老板的。他们被操纵于资本家手中，说穿了，美国的民主就是这样。

我们过去的君主，是真正的民主精神。譬如在明末崇祯时期，骆养性任大金吾之职。所谓大金吾是沿用汉朝的官名，近似于清朝的九门提督，现代的首都卫戍司令，权很大。当时熊鱼山、姜如农两位言官——近似现代的监察委员，在历史上称作言官。皇帝在政治上的错误，言官都要提出来指摘的，这是中国过去监察御史的精神。纵然是皇帝错了，他照样提出来，错了就是错了。这两位御史很了不起，当时对皇帝有所批评。朝中的太监权臣，因为党派，把他们关在刑部大牢——清朝所谓天牢里。到了半夜里，皇帝亲笔下了一个条子，命令大金吾连夜把这两个监察御史提出去杀掉。

这位大金吾接到了皇帝这个条子，并不执行，坐下来写了一篇奏章。大意说天下言官犯了罪，如果要杀他，因为他是代表全国老百姓讲话的，所以应该明告天下，公布他的罪状，使全国老百姓都知道，然后再规定时间杀他。现在凭你这张条子，而且偷偷摸摸地半夜里叫小太监送来，要我夜里去杀他，我是不敢执行的。换言之，无形中是说皇帝没有经过行政程序，是错误的，不可以这样做的。第二天，他就把皇帝下的条子同奏本，一并送给皇帝，结果皇帝看了他的奏本反而笑了，这件事也就算了，这两个人命也保住了。

事实上中国历史上并不止这一件事，类似的事件很多。不过现在我们读的历史太少了，只靠学校的历史课本、中国史大纲，就认为懂了中国历史。我觉得很好玩。中国历史中有很多宝贵的东西，可惜一般人都没有好好注意。尤其说到政治哲学，还是我们中国文化中儒家、道家的这许多原则是对的。

为政到底在人，并不一定在法。立法、制度固然重要，但执法的还是在人，立法的也是人，所以还是人政重要。

（选自《论语别裁》）

政治大原则：正德，利用，厚生，惟和

《大禹谟》告诉我们中国文化的政治、经济、社会、教育等一切大原则。我们几千年来，有几个要点。你走资本主义的路线也可以，共产主义、社会主义的路线也可以，甚至于帝王制度也可以，民主也可以，都有个政治的大原则。

这个政治的大原则在《大禹谟》里头就是"正德，利用，厚生，惟和"，这是尧舜传下来的。你不要轻看这八个字，如果每两个字一个概念，写政治论文、经济学论文，都是博士论文的题材。

古代的中国字，如果平常不好学深思，随便读过去，会觉得一点道理都没有。所以做学问的道理，子思在《中庸》中告诉我们五个要点："博学之，审问之，慎思之，明辨之，笃行之"。

做任何一门学问，甚至你们做事业、做工商业，考虑一个问题也是这样，要"博学之"，什么知识都要。可是，不要学了知识，就以为是学问，那是不行的，要"审问之"，要怀疑。譬如大家问我怎么打坐、学佛。我说你们很乖的，不要学这个。为什么？因为你们不会怀疑问题。学佛修道就要会审问，就是怀疑、追寻，什么是佛？什么是道？要仔细，博学之，审问之。"慎思之"，正面、反面研究了，还要再考虑。然后还要合于逻辑，就是"明辨之"。再"笃行之"，好好去实践。这是做学问的方法。

中国文化的政治、经济、教育等，"正德，利用，厚生，惟和"，这是上古传统告诉做皇帝的，告诉大禹做帝王要注意这个。

第一个"正德"就包括很多了。政治的道德，一个做领导人本身的修养，你的思想，你的办法，如何使大众使人民，乃至你一个公司任何一个人，都能达到人品最高的修养。

经济方面如何"利用"呢？我们讲利用你、利用他，中国人这句俗话，几千年以前的根据就是《书经》上的。我们现在讲利用你，下意识的观念，这是很坏的一个名词，我打主意把你骗了叫"利用"。真正的"利用"不是这样的，是做任何一件事，都有利于别人，不是只利于自己。所以说"利用"就是经济学的范围，正德而后利用，政治道德达到最高时，"利用"万事万物，使万民得利。

然后，再讲"厚生"，是讲怎么样生产发展。

最后一个原则"惟和"，一切都要和平达到的，不是斗争达到的，也不是政争达到的，更不是用战争达到的。

实际上后世都不用"惟和"两个字了，只有六个字：正德，利用，厚生。包含了所有文化。

（选自《南怀瑾讲演录：2004—2006》）

十二字说尽所有政治理想

我读了许多中西方有关的政治学的书，还不及中国民间传统流行的十二个字说得彻头彻尾、清清楚楚。是哪十二个字的真言咒语呢？那就是"风调雨顺""国泰民安""安居乐业"。

我们也常常在神庙中看到"风调雨顺，国泰民安"这八个字。看来好像很迷信，事实上，这就是透彻了人情世故所产生的政治哲学思想。这两句话包括了四件事，每一件都很难做到。

谁能领导天下国家达到这个目的，就可封神了！尤其有关天人之际的"风调雨顺"！换言之，这四个字，包括没有风灾、水灾、地震、旱灾等的内涵！至于人事和人道，统统在后面的八个字中，可惜一望便知，却一生也做不到。

安居很难，例如大家都有房子住，请问哪一位对自己所住的地方感到百分之百满意？我看一千个之中只有一两个。一般人组成家庭之后，都会存钱买房子，为什么？为的是安居。人人能够乐业也很难,所谓做一行,怨一行,为什么会怨?除了主观的心理因素外,更多的是宏观的社会原因所造成的。

无论什么政治主张、政治制度,做到了这十二个字所说的境界,就做对了。管你什么主义,只要你让我"安居乐业",让我有个工作,好好地干,有口饭吃,有个地方住,少来干扰就好了。假如一切众生都能安居的话,那就是现成的极乐世界。中国的民族性,只求自己能够安居乐业,但是几千年来,中国老百姓能安居乐业的时代,实在太短暂、太少了。

为了希望努力达到前八个字的目标,因此又产生了四个字"替天行道"。这是中国文化中的政治哲学,任何一个朝代,都需要做到"替天行道"。行什么道?爱全民,真正的仁孝,这就是天之道。

（选自《原本大学微言》《孟子与万章》《圆觉经略说》）

仁道的密宗：徒善不足以为政，徒法不能以自行

　　一个人，一件事，尤其是政治，光有善心没有办法从事政治；光是仁慈，没有办法管理人，没有办法替众人服务。所以孟子说："徒善不足以为政，徒法不能以自行。"这是中国政治哲学最重要的中心。

　　就等于佛家的一句话："慈悲为本，方便为门。"但是还有两句相反的话，所谓"慈悲生祸害，方便出下流"，慈悲有时生出祸害来了；有时候将就一下，给他一个方便，结果就出下流。所以专门一味只讲仁慈，没有方法，这个仁慈是没有用的，"徒善不足以为政"，这是不行的，尤其是从事政治。

　　我们这里同学好人特别多，善人特别多，学佛念《金刚经》，都学成善男子、善女人了。不过，善归善，不能做事，要做事的时候，是非善恶不能混淆，不能马虎，徒善就不足以为政，所以要有规矩，要有方法。

　　"徒法不能以自行"，你光讲规矩，光讲方法，也不行啊！像我们有些同学办事，"老师叫我这么办"，回来我就骂他，

你不晓得变通吗？做事情那么呆板。所以，"徒善不足以为政，徒法不能以自行"，这是中国历史上一大原则。

这里我们看出一个东西，什么东西呢？从战国以后中国几千年的帝王政治，都是根据这两句话的原则。现在的年轻人喜欢跟在人家的屁股后面乱跑，自由啊，民主啊，什么叫自由？什么叫民主？都没有弄清楚。尤其美国式的自由怎么来的？要注意哦，先要研究一下美国的文化是怎么来的。美国有个人自由主义的思想，有资本主义的自由思想，民主也分好几个形态，这是美国式的民主自由。民主自由的基本是建立在法治上，所以不要跟在人家屁股后面乱跑，自己应该仔细研究，然后回来再看自己历史上的政治哲学，才能了解我们几千年来的政治体制。尽管是帝王政治制度，内容却是真民主，当然要找出许多证据来。西方的民主到现在，看起来是民主的体制，但它的内容是真独裁，乃至集体的独裁更厉害，更难办。

细读中国几千年的历史，会发现一个秘密。每一个朝代，在其鼎盛的时候，在政事的治理上，都有一个共同的秘诀，简言之，就是"内用黄老，外示儒术"。自汉、唐开始，接下来宋、元、明、清的创建时期，都是如此。内在真正实际的领导思想，是黄（黄帝）、老（老子）之学，即是中国传统文化中的道家思想。而在外面所标榜的，即在宣传教育上所表示的，则是孔孟的思想、儒家的文化。

到了清朝，康熙、雍正、乾隆，这几个皇帝，都有著作。老实讲，他们那些著作，比汉、唐、宋代的著作还要好，对于杂家、霸术、权术等，他们全套都懂。而且入关之后，由顺治开始，到康熙、雍正、乾隆三四代一百多年之间，都是受佛学禅宗、律宗的影响。这也是中国文化史上的奇迹，但却为一般历史学者所忽略、轻视过去了。

讲到"徒善不足以为政，徒法不能以自行"，就使我们联想到帝王政治的原则。不但过去帝王政治，都是以这两句话为中心，今后社会的民主政治也是一样，实际上对于个人也是一样，所以我们要特别注意。

譬如说，我们在座许多学佛修道的人，我经常说笑话：看到年轻人学佛修道我就害怕，一个一个修得都是善男子善女人，善得都过了分。但是，徒善不足以修道，徒善也不足以成佛，因为学佛是要讲行履的，也要讲方法的，念咒子啊，打坐啊。但是徒法也不能以自行。所以《孟子》这两句照样可以套用，一点都不错，讲个人修养也是一样。

青年同学们特别注意，这是为人处世的准则，推而广之，对于一个工商界的领袖，一个团体的领导人，乃至政治上的领导人，这两句话是天经地义的原则，不能违反，也不可以违反。甚至我们在座的大和尚们，将来领众也是这个道理。

你看《百丈清规》的内容，再把释迦牟尼佛的戒律翻开来看一看，都不出《孟子》这个原则。所以古今中外的圣人，他们的智慧，他们的原则都是相同的，不会有差别的。什么叫作世间法？哪个是出世法？大智慧的人，世间出世间一定是合一的，是一样的。

一般人都认为孔孟之道是呆板的，只讲仁，其实有个秘密，现在把它揭穿。至少在我读书的经验，虽然读书不多，还没有看到过有人具体把它揭穿的。孔子同孟子有个密宗。孔子写了一部《春秋》，他自己感叹："知我者其惟《春秋》乎，罪我者其惟《春秋》乎。"这两句话有什么秘密呢？先说为什么知我者《春秋》。《春秋》记录了乱臣贼子、帝王一切的错误不良行为，一切的怪事，造成了社会乱象、历史演变。对此应该负责的是政治领导人、知识分子读书人，以及担负教育责任的人，是这些人的罪过，所以他们要负历史的责任。这是《春秋》的目的。所以说，对于《春秋》，"乱臣贼子惧"。这是正面的了解，知我者《春秋》，懂得它的精神所在。

什么是罪我者《春秋》呢？有些人懂了《春秋》，才会用权谋，才会用手段，所以《春秋》也是一本谋略之书，也是一本兵书。懂了《春秋》相反的一面，谋略就很厉害了，所以天下事有正面一定有反面。有人读了历史而学好的，变成好人；读了历史学不好的，所有的坏本事都学会了。一个坏人学问越好，做坏事的本事就越大，所以学足以济其奸。

　　同样的道理，孟子继承孔子的思想，提倡仁道。仁道的密宗在什么地方呢？那些专门爱人、仁慈，连蚂蚁都不敢踩的，不叫仁，因为"徒善不足以为政"。这是孟子所反对的。"徒法不能以自行"，谁懂啊？其实后世汉、唐、宋、元、明、清，每一个开创的帝王，都懂孔孟的仁政，都了解仁政并不是呆板的仁义思想。

　　　　　（选自《孟子与离娄》《老子他说》《原本大学微言》）

兴灭国，继绝世，举逸民

《论语·尧曰》中说："兴灭国，继绝世，举逸民，天下之民归心焉。"

这里引用的几句话，是说周代以后，就是这种做法。中国古代的政治思想，是由宗法社会的基础而来的。

所谓"兴灭国"，在春秋战国以前，"国"是个地方政治单位，诸侯分封为"国"。到了春秋战国时代，还有上百个国。有些小国不算，大国也有几十个。在过去中国这个制度，就是所谓的"封建"。封建制度，中西截然不同。中国的封建，以宗法社会氏族为中心，就是以血统为基础，并不是西方的封建，以奴役、权势为基础。

过去历史上的这些诸侯之国，当其中一个国家快要灭亡了，乃至已经灭亡绝后了时，其他的国还要找到这国家的后人，扶助他起来复国，这就是所谓"兴灭国"。"继绝世"，是这个国家即使绝后，也要想办法使它继续存在。这就是中国文化对于国际政治的精神，也就是三民主义中民族主义的精神内涵。

所以周武王统一了中国以后分封诸侯，一度有两三百个国家，而所封的并不全是周文王的儿子，如当时的宋国，就是殷商的后代，许多都是曾经一度灭亡的，周武王再封建，把这种国家重新建立起来。

这种思想一直影响到后世，如刘邦、项羽他们起来推翻秦始皇的暴政，当项家初起的时候，还不敢自己称王，要找出楚国最后一个皇帝的孙子怀王出来，奉为义帝。在我们现在看来觉得奇怪，项家起来就起来了，为什么要找个小孩子出来为帝？这就是宗法社会的思想，必须找个帽子戴上。这固然是项家的权术，但从道德的观点看，中国人始终有这种"兴灭国，继绝世"的精神。

后来刘邦称帝，又为秦始皇，以及楚、魏、齐等灭国无后的想办法使他们续绝。《史记·高祖本纪》中记载："十二月，高祖曰：'秦始皇帝、楚隐王陈涉、魏安釐王、齐湣王、赵悼襄王皆绝无后，予守冢各十家，秦皇帝二十家，魏公子无忌五家。'"以汉高祖的为人来讲，素来具有豁达大度的胸襟，自然便合中国文化精神的大原则，所以刘邦后人，在中国历史的政权上，能够先后达四百年之久。

我对外国朋友说，这是他们办不到的。拿美国来说，尽管他们没有领土的野心，但是仍有经济市场的野心。过去我们中国帮助一个国家，尤其帮助附庸国家，平了它的内乱，建立或稳定了它自己好的政权，就把兵撤回来，只有一个条件，岁岁来朝。如唐初"万国衣冠拜冕旒"的时代，财物上我们实际贴很多，但绝没有领土或经济的野心，这是中国文化与众不同的"兴灭国，继绝世"的政治哲学思想。现在美国既非王道，霸道也没有搞好，所以想走这个路子可走不通，结果许多的国家，像切西瓜一样，被它切成了两半。所以我说他们到底不过两百年历史，这一方面若要到中国来当学生，至少还要学一百年。以我们自己的文化，研究全世界历史文化的精神，在这个对比下，就看得出来，人类应该走什么路。

"举逸民"，所谓"逸民"，就是纣王的时代，许多人不同意纣王的做法逃走了，避世于海外。到了周武王统一天下以后，把这些人都找回来，给他们一个相当好的位置，尽量发挥他们的长处与思想，这样人心就归顺了。

由这三点来讲，我们看自己的历史，过去讲仁讲义，现在讲就很难了。过去某人的家庭出了问题，朋友就把这个家庭的担子挑起来，这就是义，也是中国人几千年的传统。以前我们疏忽了两个东西：一个是特殊社会的组织，另一个是宗法社会的被破坏。这相当重要，中国人过去的祠堂，初一、十五都召集族中的年轻人读训，那时读的尽管是清朝的圣谕——康熙写的广训，教人如何孝顺父母、如何做好人好事，原来是作为政治的安定力量，后来变成宗法社会非常好的中心思想。我们当时疏忽了这些东西，只有爱好自己文化的人，感到非常严重。现在更加上思想的离析，这些东西被破坏了。所以这些地方我们要了解，这些精神，在宗法社会中，为朋友卖命、替朋友挑担子的这些事，普遍得很。为什么这样做？就是几千年"兴灭国，继绝世"深厚文化教育的结果。

另一点，"兴灭国，继绝世"的观念，也可以说是中国人文的侠义道精神。侠义的义，是义气的意思，也是从这个精神来的。我曾经提过，仁义的"仁"字，在世界各国的文字中，有同意义的同义字。但是侠义道的"义"字，在世界各国文字中，都没有同义的字，只有我们中国文化讲侠义、义气。这是对朋友的一种精神，为了朋友可以牺牲自己的生命。朋友死了，应该对他的孩子负责教养，培养教育到长大成人，成家立业。甚而有的公私机构，对于员工的遗孤，都还照顾培植。当然，现在社会这种情形比较少了。过去我就看到好几个朋友，这样照顾亡友的孤儿寡妇，一直到孩子长大成家为止。这种侠义的精神，路见不平的，帮助人的，看见孤苦给予援助的，就是根据"兴灭国，继绝世"的精神发展出来的。

我们了解了这个道理以后，由"兴灭国，继绝世"的观念再发挥起来，就构成了我们这个国家民族文化许多与众不同的优点。尽管我们看见现在的这个社会，都感叹世风不古，好像特别势利、讲现实。但是据我所了解，凡是中国人，先天的在血统里面、下意识中，还是保存了这种"兴灭国，继绝世"的精神。只是因时代不同，教育方法不同，知识范围不同，而有衰微之征。一旦我们的国家民族，恢复到祥和安定、注意礼义教育的时候，我们的这种民族精神，是不会变的。

（选自《论语别裁》）

第八章

传统教育的启示

教育的目的是什么

子曰："志于道，据于德，依于仁，游于艺。"

假如有人问，孔子的学术思想真正要讲的是什么？可以大胆地引用这四句话作答，这就是他的中心。也可以说是孔子教育的真正目的，立己立人，都是这四点。

第一项所说的"志于道"，又学个什么道呢？一般人说孔子说的是人道，不讲天道，因为天道邈远，属于形而上的范围。究竟有没有神的存在？生命是怎样开始的？宇宙是如何形成的？这些都是属天道。"天道远"，并不是说与我们的空间距离远。如照现代观念来说，更不合理了，目前到月球只不过几天的事，怎么说远？这个"远"字实际上是高远的意思，指距离人类的知识程度太远。"人道迩"，人道比较浅近易懂。所以过于高远的暂时不要讲它，先把人们自己切身的问题解决了，再讲宇宙的问题。一般人说孔子只讲人道，这是后代的人为孔子下的定义，事实上孔子并没有这样说。

根据原文"志于道"，可以解释为形而上道，就是立志要高远，要希望达到的境界。这个"道"就包括了天道与人道，形而上、形而下的都有。这是教我们立志，最基本的，也是最高的目的。至于是否做得到，是另一回事。正如大家年轻时刚出社会做事，都立志取得功名富贵。就以赚钱为目的来说，起码也希望赚到几千万元。但立志尽管立志，事实上如今一个月只赚几千块。所以孔子说，做学问要把目标放得高远，这是第一个"志于道"的意思。

　　"据于德"，立志虽要高远，但必须从人道起步。所谓天人合一的天道和人道是要从道德的行为开始。换句话来说，"志于道"是搞哲学思想，"据于德"是为人处世的行为。古人解说德就是得，有成果即是德。所以很明显，孔子告诉我们，思想是志于道，行为是依据德行。

　　"依于仁"，仁有体有用。仁的体是内心的修养，所谓性命之学、心性之学，这是内在的。表现于外用的则是爱人爱物，譬如墨子思想的兼爱，西方文化的博爱。"依于仁"，是依傍于仁，也就是说道与德如何发挥，在于对人对物有没有爱心。有了这个爱心，爱人、爱物、爱社会、爱国家、爱世界，扩而充之爱全天下。这是仁的发挥。

　　"依于仁"然后才能"游于艺"。艺包括礼、乐、射、御、书、数等六艺。

孔子当年的教育以六艺为主。其中的"礼"，以现代而言，包括了哲学的、政治的、教育的、社会的所有文化。至于现代艺术的舞蹈、影剧、音乐、美术等则属于乐。"射"，军事、武功方面。过去是说拉弓射箭，等于现代的射击、击技、体育等。"御"，驾车，以现代来说，当然也包括驾飞机、太空船。"书"，文学方面及历史方面。"数"则指科学方面。

人生对于道、德、仁、艺这四种文化思想上修养的要点都要懂。这四个重点的前一半"志于道，据于德"包括了精神思想，加上"依于仁，游于艺"作为生活处世的准绳，是他全部的原则。同时告诉每个人，具备这些要点，才叫学问。如无高远思想就未免太俗气，太现实的人生只有令自己厌烦。没有相当的德行为根据，人生是无根的，最后不能成熟。如果没有仁的内在修养，在心理上就没得安顿的地方。没有"游于艺"，知识学问不渊博，人生就枯燥了，所以这四点统统要。后人对这四个重点都有所偏重，其实讲孔子思想，要从这里均衡发展。

《论语》还有一句话："古之学者为己，今之学者为人。"古代读书人为自己读书，为什么为自己读书？为自己的兴趣。我当年读书，的确是为自己的兴趣读书。现在读书不同了，为别人读书，为家庭读书，为父母读书，为社会读书，为求职业而读书。这个差得很远了。

曾子受孔子的教导，著了一本书叫《大学》。大学是大人之学、成人之学，就是讲身心修养，这是中国教育的基本。我常说我们这一百年来，教育没有方向也没有目的，究竟想把我们的孩子教成什么样子？没有一个方向、没有一个目标，方法也有问题，所以我们要重新思考。像《大学》这一篇，就确定了中国教育的目的和方法。什么是教育的目的？就是教做人。做人从什么开始？从心性修养开始，做一个堂堂正正的人。

我要问你们，现在教育的目的是什么？第一个来的同学说：老师你这个还要问。我说我们教育的目的在"考"，一路考试考到底。小学考中学，中学考大学，大学考留学，留学考出去了以后回来考考公务员，三年一大考，一年一小考，一路考到底，退休了以后是不是还要考，我不知道了。

所以我们非常感叹，美国教育的目的是生活；我们中国文化，过去几千年来，始终把"成己成人"为教育的目的。至于人做成了以后，你该当皇帝你去做皇帝，或去挑葱卖蒜，那是职业的不同，人品是平等的。我们现在的教育，西方东方混乱了，只教知识，教技能，教育为了生活，为了技能，不管人格养成，这个教育混乱了。

我们中国几千年教育的目的，不是谋生，是教我们做一个人，职业技术则是另外学的。而且教育从胎教开始，家教最重要，然后才是跟先生学习。人格教育、学问修养是贯穿一生的。所以除了政治、财富力量以外，还有独立不倚、卓尔不群的人格品格修养，作为社会人心的中流砥柱。不像现在家庭和学校的教育，乃至整个社会的教育观念，专门为了职业，为了赚钱，基本人格养成教育都没有。人如果做不好，你讲什么民主、科学、自由、法治、人治、德治、集权，乃至信用、环保、团结、和谐等？理想都很好，可是没办法做到，因为事情是人做的。

譬如孟子的话"（君子）穷则独善其身，达则兼善天下"，告诉我们一个读书人、知识分子，如果倒霉，就把自己照管好就行了，不管外面的事。至于职业做什么都可以，职业跟学问根本是分开的。学问则是一生的事，学问不是知识，做人做事都是学问。"达则兼善天下"，如果有机会叫你出来做事呢，那就不是为个人，而是把自己贡献出去，为整个社会国家做贡献。不像现在，读个书，就想到学哪一科最好，做什么待遇比较高，有前途。这完全是商业行为，不是教育行为。那何必去读书呢？学技术多好呢，学一个好的技术赚钱就更快。

像《朱子治家格言》，是我们当年必读之书，这个朱子是明末的朱柏庐先生。到现在几十年以后，想起来最后一段的两句话，虽然是很落伍，但很有道理："读书志在圣贤""为官心存君国"。换句话说,读书求学问的目的是什么?志在为圣贤,并不是只为了学技术,找待遇好的工作。为官呢? 为官心存国家天下,现在来讲为官是为人民谋福利。中国文化教育的目的,主要是先完成一个人的人格,技能是附带的。所以我们这个文化教育的目的太伟大了,求知识读书是志在圣贤,立志做圣贤,做超人。

中国文化分三道:师道、君道、臣道。师道是超然物外的,所以可以做帝王师;我们称孔子为先圣,也称先师。我说我们有几个老师,除了孔子,还有老子、释迦牟尼,耶稣、穆罕默德是副教授。这些圣贤都是我们的老师,是教育家。师道超越了做领袖、做皇帝的君道和做宰相、做好干部的臣道,这三道本来是合一的。中国文化的教育,就是使你走这三条路,教育家走师道,以师道自居。古礼上,皇帝见到老师要下拜,老师不需要拜皇帝的,师道很了不起。我们想要以教育家、以师道自居,在人格的建立上就要有所不同。像我们喜欢走这个路线,大丈夫不能立功于天地,不能使国家太平,只好走师道的路。

师道的目的是什么? 就是传统文化上的"化民成俗"四个字。"化民成俗"是师道的精神,"不朝天子,岂羡王侯",皇帝也必须尊师重道。

我常常给同学们讲,从推翻帝制以后,拿最好的学校来讲，你们知道北大第一名的同学有几位啊？有哪个人知道第一名是谁？清华几十年来的第一名有谁啊？他们做出了什么事业？你们现在看到每个学校毕业的同学，社会上能立足的、事业做得很好的，或者最有钱的，哪个是名大学毕业的啊？不多吧！不要迷信这个了，教育不是这个道理！不管哪一行业，社会上成名的人士，不一定是从很好的学校出来的。这就是性情，他的禀赋问题了。教育只是一个增上缘，我们做老师的尽量帮他、培养他，使他依靠自己的禀赋站起来，这是教育的目的。

（选自《论语别裁》《南怀瑾讲演录：2004—2006》《廿一世纪初的前言后语》《列子臆说》《孟子与离娄》）

没有私心的教育

陈亢问于伯鱼曰:"子亦有异闻乎?"对曰:"未也。尝独立,鲤趋而过庭。曰:'学诗乎?'对曰:'未也。''不学诗,无以言。'鲤退而学诗。他日又独立,鲤趋而过庭。曰:'学礼乎?'对曰:'未也。''不学礼,无以立。'鲤退而学礼。闻斯二者。"陈亢退而喜曰:"问一得三:闻诗、闻礼,又闻君子之远其子也。"

陈亢是孔子的学生,字子禽。子禽曾问子贡:孔子到每个国家,到底是想干政治,还是希望对人家有所贡献?这位同学蛮有意思的,常常对孔子存有怀疑。伯鱼名鲤,是孔子的儿子,鲤的儿子就是写《中庸》的子思。

有一天,子禽拉着孔子的儿子伯鱼,问他道:我们的老师就是你的父亲,他另外有什么秘诀传给你吧?对你有什么与我们不同的教育没有?伯鱼说:没有。但是一件事可告诉你。有一天,我父亲一个人站在那里(这时当然没有同学在旁边，应该是父子间，讲秘密话的时候），我回来，匆匆走过大厅，他看见了叫我过去，问，近来读什么书，有没有研究诗的学问。我对父亲说还没有。我父亲就告诫我，如果不学诗就无法讲话。因此我开始学诗了。

中国古代的诗，包罗万象。研究了诗，知识自然就会渊博，能多了解各种知识，例如对生物界的禽鱼鸟兽之名，多所认识，乃至对科学性的植物、动物，各种知识都能了解而博物。所以孔子告诉伯鱼，不学诗，知识不够渊博，知识不渊博，则不论作文章、说话都不行。

伯鱼接着说：又有一天，我碰到我父亲，他问我学礼没有。我说没有。我父亲就说，一个人不学礼，不懂文化的基本精神，怎么站得起来做人。我听了他老人家教训，就进一步研究"礼"这方面的学问。只听了两点。

伯鱼就这样答复子禽。换句话说，孔子对儿子的教育和对学生的一样，一点没有秘诀和私心。子禽听了伯鱼的话，非常高兴，他说：我只问了一个问题，现在了解了三方面：第一知道学诗的重要，就是知识渊博的重要；第二知道礼的重要，就是文化中心的重要；第三知道孔子真是圣人，没有私心，对自己儿子的教育，和对学生的教育一样。

讲到这里，我想到一个亲身的经历。我一位太老师（老师的老师）张凤篪先生，不但中国学问深，也深通佛学，是很令人敬仰的。佛的精神讲度众生，众生并不专指人，人乃是众生之一，一切有生命的动物，都是众生。我的老师告诉我，这位太老师有很多奇怪的事，他只有一位独子，后来在成都司法界任职。我的老师就问这个儿子，太老师一生的学问，在他看起来有什么特点。他笑笑说："先严没什么特点。先严视一切众生如儿女，对儿女却视同一切众生。"

他这两句话我始终记得，越想越有味道。他的上一句话随便说还容易，下一句话"对儿女却视同一切众生"更难了。这就是前辈们的教育，爱一切人如爱自己儿女一样，对自己儿女和对一切人一样。我真是心向往之，仰慕这种做法，教育上没有私心。

（选自《论语别裁》）

诗教的修养

"诗三百"，是指中国文学中的《诗经》，是孔子当时集中周朝以来数百年间，各个国家（各个地方单位）的劳人思妇的作品。所谓劳人就是成年不在家，为社会、国家在外奔波，一生劳劳碌碌的人。男女恋爱中，思想感情无法表达、蕴藏在心中的妇女，就是思妇。劳人思妇必有所感慨。各地方、各国家、各时代，每个人内心的思想感情，有时候不可对人说，而用文字记下来，后来又慢慢地流传开了。

孔子把许多资料收集起来，因为它代表了人的思想，可以从中知道社会的趋势到了什么程度，为什么人们要发牢骚？"其所由来者渐矣！"总有个原因的。这个原因要找也不简单，所以孔子把诗集中起来，其中有的可以流传，有的不能流传，必须删掉，所以叫作删诗书，定礼乐。他把中国文化，集中其大成，做一个编辑的工作。对于诗的部分，上下几百年，地区包括那么广，他集中了以后，删除了一部分，精选编出来代表作品三百篇，就是现在流传下来的《诗经》。

孔子晚年，删《诗》《书》，定《礼》《乐》，裁成缀集中国传统文化学术思想的体系，他为什么每每论《诗》，随时随处举出《诗》来，作为论断的证明？秦、汉以后的儒家，为什么一变再变，提到五经，便以《诗经》作为《书》《易》《礼》《春秋》的前奏呢？因为中华民族传统文化的精神，从古至今，完全以人文文化为中心，虽然也有宗教思想的成分，但并非如西洋上古原始的文化一样，是完全渊源于神的宗教思想而来的。

人文文化的基础，当然离不开人的思想与感情、身心内外的作用。宗教可以安顿人的思想与感情，使它寄托在永久的遥途，与不可思议的境界里去，得到一个自我安心的功效，纯粹以人文文化为本位。对于宗教思想的信仰，有时也只属情感的作用而已，所以要安排人喜、怒、哀、乐的情绪，必须有一种超越现实，而介乎情感之间的文学艺术的意境，才能使人们的情感与思想，升华到类同宗教的意境，可以超脱现实环境，情绪和思想另有寄托，养成独立而不倚，可以安排自我的天地。

在中华民族的文化中，始终强调建立诗教价值的原因，这个特点与特性，确是耀古腾今了。古人标榜"诗礼传家"与"诗书世泽"，但大多知其然而不知其所以然的关系，就是没有深刻研究诗词境界的价值与妙用。过去，文学上基本修养的诗、词、歌、赋，以及必要深入博古通今的史学与人生基本修养的哲学，乃至琴、棋、书、画等艺术，都是不可分离的全科知识，所以在五六十年以前，中国读书的知识分子差不多成为一个文人，自然也多会作诗填词，只有程度好坏深浅的不同，并无一窍不通的情形。因此过去中国的诗人，与学者、哲学家，或政治家、军事家，很难严格区分，并不像西洋文化中的诗人，完全以诗为生，而不一定要涉及其他学识。

孔子说我整理《诗》三百篇的宗旨在什么地方？"一言以蔽之"——一句话，"思无邪"。人不能没有思想，只要是思想不走歪曲的路，引导走上正路就好，譬如男女之爱。如果做学问的人，男女之爱都不能要，世界上没有这种人。我所接近的，社会上普遍各界的人不少，例如和尚、尼姑、神父、修女，各色各样都有，常常听他们诉说内心的痛苦。我跟他讲：你是人，不是神，不是佛，人有人的问题，硬用思想把它切断，是不可能的。人活着就有思想，凡是思想一定有问题，没有问题就不会思想，孔子的"思无邪"就是对此而言。人的思想一定有问题，不经过文化的教育，不经过严正的教育，不会走上正道，所以他说整理《诗》三百篇的宗旨，就为了"思无邪"。

这里讲文学的境界是为了"点题"，就是把题目的中心抓住，先拿出来。

第一个点题：以现在的话来说，一切政治问题、社会问题只是思想问题。只要使得思想纯正，什么问题都解决了。我们知道，现在整个世界的动乱，是思想问题。所以我在讲哲学的时候，就说今天世界上没有哲学家。学校里所谓的哲学，充其量不过是研究别人的哲学思想而已。尤其是作论文的时候，苏格拉底怎么说，抄一节；孔子怎么说，抄一节。结果抄完了他们的哲学，自己什么都没有，这种哲学只是文凭！

世界上今天需要真正的思想，要融会古今中外，真正产生一个思想。可是，现在不止中国，这是个思想贫乏的时代，所以我们必须发挥自己的文化。

第二个点题：牵涉到人的问题。中国史上，凡是一个大政治家，都是大诗人、大文学家，我常和同学们说，过去人家说我们中国没有哲学，现在知道中国不但有哲学，几乎没有人有资格去研究。因为我们是文哲不分，中国的文学家就是哲学家，哲学家就是文学家，要了解中国哲学思想，必须把中国五千年所有的书都读遍了。西方的学问是专门的，心理学就是心理学，生理学就是生理学，过去中国人做学问要样样懂一点，中国书包括的内容这样多，哪一本没有哲学？哪一样不是哲学？尤其文学更要懂了，甚至样样要懂，才能谈哲学，中国哲学是如此难学。

譬如唐初有首诗，题名《春江花月夜》，有句说："江畔何人初见月？江月何年初照人？"与西方人的先有鸡还是先有蛋的意思一样，但到了中国人的手里就高明了，在文字上有多美！所以你不在文学里找，就好像中国没有哲学，而在中国文学作品中一看，哲学多得很。譬如苏东坡的词："明月几时有？把酒问青天，不知天上宫阙，今夕是何年？"不是哲学问题吗？宇宙是哪里来的？上帝今天晚上吃西餐还是吃中餐？"不知天上宫阙，今夕是何年？"他问的这个问题，不是哲学问题吗？所以中国是文哲不分的。此其一。

文史不分：中国历史学家，都是大文学家，都是哲学家，所以司马迁著的《史记》里面的八书等，到处是哲学，是集中国哲理之大成。此其二。

文政不分：大政治家都是大文豪，唐代的诗为什么那么好？因为唐太宗的诗太好了，他提倡的。明代的对联为什么开始发展起来？朱元璋的对联作得很不错，他尽管不读书，却喜欢作对联。有个故事，朱元璋过年的时候，从宫里出来，看见一家老百姓门前没有对子，叫人问问这家老百姓是干什么的，为什么门口没有对子。一问是阉猪的，不会作对联。于是朱元璋替他作了一副春联："双手劈开生死路，一刀割断是非根。"很好！很切身份。

唐太宗诗好，大臣都是大文学家，如房玄龄、虞世南、魏徵，每位的诗都很好。为什么他们没有文名？因为在历史上，他们的功业盖过了文学上的成就。如果他们穷酸一辈子，就变文人了，文人总带一点酒酿味，那些有功业的变成酿酒的了。像宋代的王安石，他的诗很好，但文名被他的功业盖过了。

所以中国文史不分、文哲不分、文政不分，大的政治家都是大文学家。我们来一个老粗皇帝汉高祖，他也会来一个："大风起兮云飞扬，威加海内兮归故乡。"别人还作不出来呢！不到那个位置，说不定作成："台风来了吹掉瓦，雨漏下来我的妈！"所以大政治家一定要具备诗人的真挚情感。换句话说，如西方人所说，一个真正做事的人，要具备出世的精神——宗教家的精神。此其三。

第三个点题：中国人为什么提倡诗和礼？儒家何以对诗的教育看得这么重要？因为人生就有痛苦，尤其是搞政治、搞社会工作的人，经常人与人之间有接触、有痛苦、有烦恼。尤其中国人，拼命讲究道德修养，修养不到家，痛苦就更深了。

我经常告诉同学们，英雄与圣贤的分别："英雄能够征服天下，不能征服自己；圣贤不想去征服天下，而征服了自己。英雄是将自己的烦恼交给别人去挑起来，圣人自己挑尽了天下人的烦恼。"这是我们中国文化的传统精神，希望每个人能完成圣贤的责任，才能成为伟大的政治家。从事政治碰到人生的烦恼，西方人就付诸宗教；中国过去不专谈宗教，人人有诗的修养，诗的情感就是宗教的情感，不管有什么无法化解的烦恼，自己作两句诗，就发泄了，把情感发挥了。

同时诗的修养就是艺术的修养，一个为政的人，必须具备诗人的情感、诗人的修养。我们看历史就知道，过去的大臣，不管文官武将，退朝以后回到家中，拿起笔，字一写，书一读，诗一诵，把胸中所有的烦闷都解决了。不像现在的人，上桌子打麻将或跳舞去了。这种修养和以前的修养不同了，也差远了。

（选自《论语别裁》《禅宗与道家》）

人才如何培养

以我们中国文化而言，知识分子、读书人应该有个什么目标呢？我们现在读书是为了什么？对不起啊，诸位同学为了什么，我不知道。我现在是提一个口号，很难听，"教育无用论"，教育无用。

我也反对现在这样的教育，是在糟蹋人才，贻害未来。譬如一个乡村的孩子，父母很辛苦地培养他读了书，读到中学糟蹋了一半，读到大学，完了！这个孩子永远不回来了，到上海、北京各个闹市居住，要发财，要爬金字塔的那个塔尖上去。农村那么辛苦，培养一个孩子出来，农村丧失了一个人才，没有人了！

今天这个教育是在树这个金字塔，都向上面爬。而教的是知识，不是学问啊！人格没有养成，做人做事都不对，对社会国家有什么真正益处呢？

中国文化讲教师是两个要点："经师易得，人师难求。"什么是经师呢？教知识，四书五经、数理化、国文，教这个知识容易。人师呢，他的人格，他的一切，在导师制的书院可以做一位人师，人格的表率，像孔子、孟子一样，不容易！所以"经师易得，人师难求"。

那么，中国原来的知识分子读书的目标呢，是求学问，包括做人做事、身心修养等一切的学问，凭兴趣来的，玩味一辈子，人格平等独立的，同谋生是两件事。不像现在人读书，都是为了谋生。所以，我提醒诸位年轻同学注意，我不敢说你们的目标是什么，现在反正社会的教育出问题，所以教育无用。

第一个，父母出问题。所有的父母培养子女，是把自己做不到的希望压在孩子身上。自己没有发财的，希望自己儿女出来发财；自己没有做官的，希望儿女出来做官；自己理想做不到的，希望儿女将来给我做到。望子成龙，望女成凤，这是严重的错误！

第二个，升学主义，不是求学问。

第三个，读书的目标是升官发财，至少是赚大钱。

这是个什么教育？我搞不清楚。自己的家庭、社会、国家，教育没有个方向，没有个目标。但你说他没方向目标，他说我方向目标都有啊。你要看这个家庭、社会、国家教育的实际走向、目的是什么，不要看表面文章。

再譬如说，现在把中国隋唐开始的很好的考试制度，用到坏的方面去了。现在考试起来，连幼儿园、小学还要考试，好的成绩考取了进名校，考不取就进差等的学校，这是什么教育？教育的目标是讲这个孩子不成器，你把他教成好的成器的人。读书是凭兴趣，靠启发的，那才有动力、有创造力嘛！知之者不如好之者，好之者不如乐之者。现在变成了全力应付考试，有兴趣也给你搞没了。所以我现在讲教育无用论，不晓得搞些什么！自己教育的方向目标，什么都没有研究清楚。

我们想一想，中国三千年教育，由周朝到秦始皇，汉唐宋元明清，政府没有出几个钱办教育，你们怎么不去研究呢？那中国文化过去有没有学校？有啊，"学校"两个字是夏朝开始有的，唐朝有国子监，现在我们北京还有国子监古迹，汉朝叫太学。政府有学校啊，政府的学校是给高干子弟读的，不是给老百姓读的。老百姓是自己读书的，中国历史上这些名人、才子、忠臣、孝子乃至于最好的宰相，最好的文人、武将，都是民间自己培养出来的，培养一个货品给你朝廷、给你政府来买嘛。人才是个货品，中国老百姓自己培养的，都是私塾里出来的。所以古人说："学成文武艺，货与帝王家。"然后，你们政府用个什么功名嘛，三年一考，五年一考，考取了做官或者备用。

历代没有像我们今天这样，花了多少的教育经费培养了多少人才，然后出来了还要负责给大家找职业！哎哟，大学生失业的太多……活该！谁叫你读书的？中国本来是诗礼传家，都是家里读的，自愿读的，要谋生你就直接学谋生技术好了。这个我们要反省了。

你看中国知识分子读的《古文观止》《幼学琼林》、"三百千千"（《三字经》《百家姓》《千字文》《千家诗》），不是哪位教授还是哪个博士编的，不是。所以我说，你看中国几千年文化，政府没有花什么钱，都是老百姓自己培养子弟出来，影响一个国家，影响整个时代。

（选自《漫谈中国文化》）

人才如何选拔

大家有机会可以读一篇文章，对于处世大有助益，这篇文章简称《论养士》，苏东坡作的。这篇文章在中国的政治思想——政治哲学领域中，占了重要的地位，尤其是研究政治与社会的人不能不看。这篇文章很有意义，它提出了一个原则，讲得非常有道理。

"养士"这个名称，出在战国时代，当时书籍不如现在普及，也没有考试制度，一般平民有了知识，就依靠权贵人家求出路，到他们家里做宾客。过去叫宾客，现在的名称等于"随员"；从唐代到清代叫"幕府"。像曾国藩，不少有本领的人，都在他的幕府里——等于现在的研究室、参谋团、秘书室。现在也有称作幕僚。六国的"养士"就是这样的情形。

那时养士，养些什么人呢？苏轼指出的分类是智、辩、勇、力四种人；实际上也可说只是两种人：一种用头脑，一种用体力。讨论这四种人，如果以现代职位分类的科学来作博士论文，起码可以写两百万字不成问题。但是我国古代文化喜欢简单，所以几百字的文章就解决了。

苏轼在这篇文章中说，社会上天生有智、辩、勇、力这四种人，他认为这一类的人好役人——坐着吃人家的，无法役于人。如果我们用社会学来研究，社会上有许多人是这样的，用头脑非常能干，叫他用劳力就不行，有些人叫他用头脑就像要他的命，要他做劳力就蛮好。但有些人有力去打架，力气好得很，要他做工，做三个小时就做不下去了。所以研究社会、研究政治，要多观察人，然后再读有关的书，才有道理。又像许多人有智，这个智是聪明才智；有许多人有辩术，专门用手段，不走正道，走异端，打鬼主意第一流，正当方法想不出来。但是不要忘了，他也是一个人才，就看老板怎么用他，这就是所谓会不会用人了。所以智与辩看起来是一样，聪明的人做事一定有方法，但是正反两面的方法不能相违。勇与力看起来似乎也是一样，但是勇敢的人不一定有力气，而个子高大孔武有力的人，教他去前方打仗、为国牺牲，他怕死了不干，这是有力没有勇。因此苏东坡说智、辩、勇、力四种人，往往需要人家养他，不能自立。不过依恃人家，攀龙附凤，也可以立大功，成大业，教他一个人干，就没有办法。

所以到秦始皇统一中国以后，焚书坑儒，不养士了，这些人就走向民间去，结果怎样呢？反了！后来到了汉朝的时候，对这种士怎么办呢？到汉武帝时代，就是中国选举制度的开始，那个时代的选举，当然不像现代的由人民去投票——这是西方式的选举。中国式古老时代的选举，是由地方官参考舆论，把地方上公认是贤、良、方、正的人选出来，称为"孝廉"。以现代名词而言，是人才的分类，贤是贤，良是良，方是方，正是正，不要混为一谈，这是四个范围。中国文化以孝治天下，所以称"孝廉"。到清朝时，考取了举人，还是用孝廉公这个名称，那是沿用汉朝的。

汉朝实行这样的选举制度，就取代了战国时养士的制度，所以汉朝四百年天下，就可以定下来，到隋朝又开创以文章取士的考试办法。到唐太宗统一天下以后，正式以汉朝地方选举的精神，采用了隋朝考试取士的方法，综合起来产生了唐朝考选进士的制度。所谓进士，就是将民间有才具的知识分子，提拔出来，进为国士的意思。那时候考的秀才不是清代的秀才，清代的秀才是考试阶级的一个名称，秀才再考举人，举人再考进士，进士第一名是状元。唐代的秀才，便是进士的通称，凡是学问好的、优秀的，都称秀才。

唐太宗创办了考试制度，录取了天下才人名士以后，站在最高的台上，接受第一次录取者朝见之后，忍不住得意地微笑道："天下英雄尽入吾彀中！"他的意思是说，你看我这一玩，天下的英雄都自动来钻进我的掌握中，再不会去造反了。有功名给你，有官给你做，只要你有本事，尽管来嘛！这是唐太宗的得意之处。

苏轼也说，建立了考试制度以后，就等于六国时候的"养士"，所以他认为养士是很重要的事。以现在的观点来说，就是智、辩、勇、力分子没有安排很好的出路，没有很好的归宿，就是社会的大问题，也是政治的大问题。但是如何使他们得其养，又是个问题。起用也是养，退休也是养。讲到养，我们要想到前面所讲的，犬马也有所养呀！不是说有饭吃就得养了，仅仅这样是养不了的。智辩勇力之士，有时候并不一定为了吃饭。天生爱捣乱的人，如果没有机会给他捣乱，他好像活不下去；若不要他捣乱，就得把他引入正途，这就是为政教化的道理。

（选自《论语别裁》）

第九章

东西方文化的对照

中学为体，西学为用？

"中学为体，西学为用"这个问题，有人说这是清朝末期大家闹革命，要推翻中国三千年来的帝王政治制度时张之洞提出来的。其实这个问题，最初是《万国公报》华文主笔沈毓桂在一八九五年（清光绪廿一年）发表的《匡时策》中说的，后来张之洞《劝学篇》也引用，并推广论述。

讲到"中学为体，西学为用"，先要研究张之洞这个人，还有他和曾国藩、李鸿章、盛宣怀等大臣，以及容闳、辜鸿铭这几个初期国外留学生的关系。除此之外，更涉及乾隆以后的嘉庆、道光、咸丰一直到光绪、宣统这个清王朝的衰亡，这是很长时间的一个历史文化问题。

我常常想做一个研究，恐怕一百多年来没有人做过的，就是以一个世纪为单位倒推回去，譬如推到老子、孔子、释迦牟尼、苏格拉底那个时代的前后一百年，看看当时西方出现什么人、什么思想，东方又出现什么人、什么思想，就会发现东西方的情况几乎是相同的。所以古人有两句话——"东方有圣人，西方有圣人，此心同，此理同"，道理都是一样的。我也活了九十多岁，看到这整个一百年，很想把东西方做一个对比。

百年的人与事

我讲这个题目时，想起古代一位诗人元遗山，他是金朝的大名士，而金朝亡于元朝。在元朝统一中国这个阶段，他有两句诗："百年世事兼身事，樽酒何人与细论。"他说一百年当中，世界上以及个人家庭一切的事情，其是非利害的关键，没有对象可讨论。他的诗引起我很多的感慨。

为了使大家容易研究何谓"中学为体，西学为用"，我可以把结论先提到前面来讲。我们这一百多年来，用的都是西方的学术，没有真正用过自己的文化学术，这是很奇怪的事。我们推翻清朝至今只有九十七年，跟我的年龄差不多，这段历史我不但听过、见过，甚至都亲身经历过。我常常说笑，我这个头从十九岁开始就有很多人想要了，不敢想象到现在还活着，好奇怪！所以我们经历过的艰难困苦，跟诸位同学的经历是完全不同的。

十九世纪到二十世纪是整个阴气很盛的时期，很多国家是女人领导的，英国的伊丽莎白，中国的慈禧太后，韩国的明成皇后，包括二十世纪末期印度的甘地夫人，等等。

这百年当中的著名人物，先从西方开始，法西斯的墨索里尼怎么起来？那时我只有十几岁啊！当时流传过来的西方文化，如所谓意大利文艺复兴的后三杰——达·芬奇、拉斐尔、米开朗琪罗，对我们震撼很大。接着是德国的希特勒、英国的丘吉尔、法国的戴高乐，然后一直到日本军阀一齐起来了，加上中国的蒋介石、毛泽东，这一百年间的人物，男男女女，很可观，这是讲大的。其次，第三、四流的英雄豪杰也不少，但是，"而今安在哉"？新的时代会出来什么英雄人物？还没有看到，二十一世纪究竟如何也不知道。十九世纪末有那么多人，比三国时代、春秋战国还混乱，而东西方文化的冲击又那么严重。这都是在一百年之中的事。

龚定盦的预言

上推回去一百多年做对照，西方出了马克思的理论，中国有没有人呢？有啊！大家没有太注意，勉强可以对比的是嘉庆时期的龚定盦。他是上海人，也是当时的一个怪人，文章很特别，思想也很特别。龚定盦和魏源、林则徐他们有关联，后来之所以有林则徐烧鸦片，发生鸦片战争，是他们这一班人的思想所造成的。

你们注意，清末民初这个时代的知识分子几乎都在抽鸦片，连清朝道光皇帝也沾上了，这就知道为什么林则徐要烧鸦片了。我们算算当时每年因买鸦片流出国外的资金有多少啊？这个时候中国没有靠美援、外汇，没有靠台币，也没有靠港币，这些钱是哪里来的？尽管如此，我们国家还能够存在，这是个经济问题。鸦片战争以后，我们受外国列强的侵略，每战必败，赔款多少啊？这个赔款也没有靠美援、外汇，也没有靠台资、港资。我们中国的钱怎么那么多？赔了那么多钱，也没有把我们赔垮。大家要注意这个，这都是严重的经济问题。

在清朝乾隆、嘉庆时代，社会表象好像很安定，但龚定盦已经看到乱源，当时他就提出要特别注重边疆问题，他说国家是要出事情的。

他在《乙丙之际箸议第九》这篇文章中还讲到人才的问题。"人心混混而无口过也，似治世之不议"，他说这个时代，在他看来是太可怕了，一般人糊里糊涂、没有方向，社会好像很太平，可是社会上没有人才。他那个时候骂起人来比现在厉害。"左无才相，右无才史"，他说朝中的宰相、史官，没有一个有才的。"阃无才将"，也没有一个有军事才能的武将。"庠序无才士"，学校里头没有一个有才的学生，也没有好的老师。"陇无才民",农村社会的老百姓中也没有一个有才的人。甚至"廛无才工",做工艺的没有一个了不起的匠人。"衢无才商",做小生意的没有一个有才的商人。"抑巷无才偷",连做小偷、流氓的都没有人才;就同现代一样,小偷、流氓光在街上抢女人的皮包,这不是"巷无才偷"吗?"市无才驵",这个市场也没有好好做买卖的人。"薮泽无才盗",做土匪强盗的都没有一个有才的。"则非但鲜君子也,抑小人甚鲜",他说这个社会已经搞得表面太过于太平了,太安详了,不但没有好的人才,连坏的都没有了。

我们看他的《夜坐》这首诗,"沉沉心事北南东,一睨人材海内空",他忧患的心情比诸位还严重,"一睨",眼睛一看,注意"睨"字,是斜着眼睛看,"人材海内空"啊!通通看不上。他当然也是研究佛学道理的,最后两句话很有意思,"万一禅关砉然破",他说万一我打坐修定,忽然得道开悟了以后,"美人如玉剑如虹"。你看他豪迈的狂气,他就是这样一个人。

当时龚定盦看到清朝要乱了,整个社会没有人才,一般聪明才智之士多半在抽鸦片烟,甚至在我十一二岁时还亲眼看到这样的现象。他说当时清王朝没有好宰相,没有好将军,什么都骂了,当然没有骂皇帝,保留一点面子。结果他的文章出来不到几十年,就发生了鸦片战争,太平天国也起来了。

我们要注意，太平天国用的是西方文化，用西方宗教外表的皮毛影像建立了太平天国，很快就打到了南京。曾国藩起来平乱，肩负的是中国儒家文化的精神，两个刚好中西对比。太平天国的成功与失败，中间问题很多，讲起来又是一个大题目。可是有一点，太平天国是广西人组织起来的，打到了南京，政权里说的统统是广西话，广东话都不通的，外省人很难插进去，这是文化语言的问题。曾国藩、左宗棠、彭玉麟、胡林翼等，都是最有名的儒将，所谓这些清朝中兴的名臣，以曾国藩做代表，用的是中国儒家的文化，打垮了披着西方不伦不类皮毛文化的太平天国。

蒋梦麟的说法

　　中国禅宗在唐代有位三平禅师，他与曾经反对佛道的韩愈一样有名。韩愈在中国文化史上的地位是"匹夫而为百世师，一言而为天下法"。这是苏东坡恭维他的（见苏轼《潮州韩文公庙碑》）。

　　看起来韩愈是反对佛、道，但他最后是学佛修道的。有一次被贬到广东潮州，当地有个大颠禅师，韩愈就去请教他，向他问道。他问的是形而上的问题，大颠禅师没有讲话，只是在座位上敲两下。韩愈当然不懂。这时站在旁边的是年轻徒弟三平禅师，韩愈只好问他：师父刚才是什么意思啊？三平禅师说：这个你还不懂吗？"先以定动，后以智拔"，先要做功夫宁定，宁定后自己的智慧发起，可以大彻大悟。后来韩愈懂了没有，谁也弄不清楚了。

三平禅师后来有一个偈子，我认为这与"中学为体，西学为用"的问题有关了。他的偈子说：

即此见闻非见闻，无余声色可呈君。

个中若了全无事，体用何妨分不分。

"即此见闻非见闻，无余声色可呈君"，这个眼睛能够看见，耳朵能够听到，脑子能有思想，都靠不住，因为我们的思想是生灭法，每个念头都把握不住的，思想学问随时都会溜了过去，也靠不住，究竟是唯物唯心还是个大问题。"个中若了全无事，体用何妨分不分"，这个里头的道理，由形而下到形而上，真的彻悟了，了解了，什么事都没有。我现在引用"体用何妨分不分"这句话，来答复诸位所提"中学为体，西学为用"的问题。这是第一个结论。

第二个结论，我们晓得中国原来都以北大为最高学府，推翻清朝以后有位校长蔡元培，后来因有蔡元培、胡适等人物，才引出五四新文化运动这些问题。后来蔡元培下去了，这个历史经过就不谈了。接下来的校长蒋梦麟也是浙江人。蒋梦麟最后退到台湾，晚年在台湾做了一件了不起的大事，就是主持"农村复兴委员会"，简称"农复会"，对台湾的农业复兴以及农业市场，一直到现在贡献很大。

蒋梦麟曾著了一本《西潮》，他对中西文化当然很内行。蒋梦麟在晚年说：我是三家学术用一辈子。哪三家？"以儒家的学问做人，道家的学问处世，鬼家的精神办事。"我们当时听了，不禁要问：蒋先生啊，你说的鬼家是鬼谷子吗？他说不是的！我说的鬼家是学洋鬼子，以西方的逻辑来处理事情。所以，以儒家的学问做人，道家的学问处世，鬼家的办事方法，这是讲体用问题。

这是我们今天这个题目大概的结论，虽是笑话式的，也有很深的意思，大家可以体会。

西学为体的百年

接下来，广东人孙中山先生以三民主义号召全国起来革命，推翻清王朝。三民主义吸收了洋学，引用英美的文化，立法、司法、行政三权独立，加上中国古有的监察与考试两权，变成五权宪法。他的理想是以三民主义、五权宪法建立一个新的国家体制。孙中山所创立的国民党推翻清朝帝制政权，准备用这样一个民主的体制立国，所以国民党的政府有五院——行政院、立法院、司法院、监察院、考试院，五权分立，是平等的。但国民党推翻清朝以后，来不及统一中国就碰到问题了，西方文化的军国主义也来了。

这时的国民党很可怜很可怜，可以说各省的强权军阀各自独立，直到北伐打到南京为止，根本还没有完全统一中国，只是名义上统一。当时南方的两广、福建，西南的云贵、四川，直到湖南，长江以南各省，及西北、东北各地，都是军阀割据，拥兵自重，国民党中央没有真正地统一过。这时留学生回来，又反对"中学为体，西学为用"。其实不管西学、中学，一片混乱，一概都没有用上。事实上，那时大家只有一个观念，"枪杆下出政权"，才能维持各省的独立。

民国六年（1917年）时，俄国人的革命成功，人民势力起来了，由俄国变成苏联。接着是民国八年（1919年）的五四运动。严格来讲五四运动不是文化运动，五四运动最初的动机是起来反对北洋政府与日本偷签几乎等于卖国的"二十一条"。即使在这个阶段，中国根本也还谈不上资本主义社会。另外，如无政府主义、三民主义、君主立宪、民主自由等，各种各派的西方主义思想纷纷涌进，凡是欧美留学回来的，就把西方所有东西都搬回来，在我们这个国家政坛上都试用过。直到现代，我们用的还是马克思主义以及社会主义。

所以我说现在影响中国、影响全世界的都是西方文化的思想，一个是达尔文的进化论，一个是马克思的资本论，一个是凯恩斯的经济学理论，一个是弗洛伊德的性心理学，再勉强加上一个是美国人杜威的实用教育。就以自然科学来说，大家都还在牛顿万有引力定律与爱因斯坦相对论的范围之内。我们几十年来引进自然科学的教育以及精密的科技，哪一样不在西方文化的体用里头打转？

这一百多年来，虽然高喊"中学为体，西学为用"，但根据我们刚才的随意述说，事实上通通是西学，没有中学啊！大家当然是中国人，还认得中国字。

太阳从东边出来，从西方落下去，研究这个世纪，要从三百年前开始才行。刚才首先提出来龚定盦的时候，那是由乾隆到嘉庆时代，已经开始有了变化。再严格地讲，大家常常讲到西洋文化十六世纪的文艺复兴，仔细研究一下在文艺复兴以前的西方，就知道西方在将近一千年之间，都是在宗教文化的笼罩之下，这在西方历史称为黑暗时期，所以才有马丁·路德的宗教革命，以及十六世纪文艺复兴的突起。当然大家或许没有仔细研究这个问题，但至少要了解西方"文艺复兴"这个名称。文艺复兴是绘画、歌舞等文艺解放，向自由主义的路上走；接着是科学的发展。这个时候，大家都忽略研究印度、中国两个古国文明的变化，同时要兼带研究日本、朝鲜等与西方文化接轨的事迹。

（选自《廿一世纪初的前言后语》）

恃强凌弱不是人类文化

如果人没有文化修养，就同动物没有两样。动物的世界就是弱肉强食，这是自然的法则。中国这几十年，文化教育衰落得可怜，我现在回想我们那些老辈子人，真是该打屁股，认为西方可以救中国，当年就把西方文化全套搬来了，把这个国家民族搞得那么惨。只要讲达尔文思想，就说很进步，其实我们古人都讲了。达尔文的《进化论》，弱肉强食理论，就是《列子》这句话，"胜者为制，是禽兽也"。以强凌弱，就算成功，也不是人类的文化，那是禽兽的文化。

如果认为这个理论是文化的话，"为鸡狗禽兽矣，而欲人之尊己，不可得也"，如果是以这一种哲学思想作为人文社会的领导，那就把人类的社会倒回去，变成禽兽社会了。《列子》的预言都说到了，这个世界被这种思想领导，人比野兽还不如，还惨！他说在这种思想哲学之下，要想人能够尊重别人，能够尊重自己，是永远做不到的。

我们用通古今之变的思想来看《列子》的话，才晓得我们先辈诸子百家的思想涵盖多么广阔。

的确，宇宙间是弱肉强食，在"动物奇观"节目上你就看到了，不但动物如此，植物世界也是这样，整个的宇宙所有生物都是以强凌弱的。人类自始至终，也如各种动物一样，都是靠征服残杀别的生命来养活自己，正如达尔文所说："物竞天择，适者生存。"

但人类一方面是为生存而想征服万物，一方面也具有爱惜怜悯生物的心情。这就是人类不同于其他动物，自有人文文化的特点的原因。这在中国自古以来的传统文化中，叫作"仁"，是儒家孔孟一系所极力想要发扬光大的主旨，也就是后世儒家所谓"亲亲、仁民、爱物"的宗旨。在印度佛学中叫"慈悲"，希望做到"众生平等"。在西方文化中，叫"爱"或"博爱"。这是人文文化同禽兽文化不同的地方。

我们人之所以有文化，尤其是中国文化，就是因为要扶助弱小，看到可怜的就要帮助，这是仁爱慈悲，这才是人文文化的真谛。

讲到这里必须了解，在这个世界上的东西文化不同的各个国家民族之间，早在公元以前，就能接纳外族归附移民，不记宿仇，没有种族歧视成见的，除了中华民族，可以说是绝无仅有了。因为中国文化本来有"王道治天下"的传统，以"民吾同胞""物吾与也"的仁义精神，才能做到。

也可以说，中华民族的"华夏"文化，早已在公元以前就实行了人类大同的理念，早已泯除种族歧视的狭隘胸襟。例如以后的唐末五代，以及元朝和清朝入主中国的历史事实，都是具有这种精神的作用。就以历史的事实为证明，中华民族从来不肯侵略他人，不是以强权当公理的民族。只有"忍辱谦让"，化解其他民族的非礼侵凌，加以感化而融归于整体"人道"之中。

所以在公元六世纪初，在南朝梁武帝的时代，印度佛教的禅宗达摩祖师，决定要"东渡"中国传法时，别人问他为什么一定要去中国，他说："震旦有大乘气象。"换言之，所谓大乘气象，就如佛说的"娑婆世界"中的中国，确然具有慈悲（仁义）的精神。

（选自《列子臆说》《原本大学微言》）

东西文化在时代中的趋向

许多人，可能都犯了一个容易错误的偏见。大家对于各国之间今天的文化思想，与造成社会风气的败坏，国家前途的殷忧，工商业社会导致人心陷溺于现实的趋势，乃至青年心理的彷徨与颓废，教育的失败，等等，一律都归罪到西方文化的错误。

大家不要忘记，我们今天开会会场的种种设置，便是现代化西方物质文明发展中的产品，甚至，与会人士的衣、食、住与交通工具等，大多数仍是西方文化自然科学发达以后，物质文明发展中的结晶。西方文化中的自然科学与物质文明的发达，给予人类在生活上的便利、生存中的幸福，并无过错，而且只有好处。

但是东方各国，在传统保守文化的情感中，认为人生伦理、社会秩序、道德观念、生活方式等一切突变中的乱象，都是受到西方文化影响的关系，所以厌恶甚而鄙弃西方文化。其实，这是东方人自己被西方文化物质文明的形态冲昏了头，自己放弃、忘却了东方固有文化的传统精神。换言之，也就是自己抛弃中国的传统文化，所以才有今天的窘态。

以中国话来讲，我是一个土包子，而且是一个非常顽固的爱好中国文化的分子。因为我从来没有出洋去留过学，所以没有对西方文化偏爱的情感与嫌疑，而且我以山野之身可以公平地说一句，西方文化，自然科学发展成果中的物质文明，并没有带给东方人以太多的祸害。至于我们接受西方文明以后所发生的流弊与偏差，那只怪我们自己抛弃了东方固有文化的宝藏，而自毁其精神堡垒所得的应有惩罚。

其次，所谓西方文化，并不能以今天的美国文化而概括一切西方文化，由希腊时期而到今天的欧美，它本身也自有三千年的历史。它的人文科学，在精神文化上的成就，由宗教而哲学，由哲学而科学的互相递嬗，也是有它的精神所在。

不幸的是，今天欧美的国家与社会，也正因为自然科学促进物质文明的长足进步，而使人文文化的精神堡垒濒临崩溃，而无所适从。它与我们东方所遭遇的困惑和烦恼，只有病情轻重的不同，而其同病相怜的情况，并无二致。

经济的发展固然重要。但是在现代的经济思想与物质文明的时代中，一个国家如果没有战争，没有内忧外患，举国上下，能够同心协力，从事经济的发展与建设，那是任何国家都做得到的事情，既不足为奇，更不必叹为观止。

我们必须知道，世界上有两种工具，对人类的生存具有正反两面的作用：一是武力与武器，一是金钱与财富。防护国家的安全，必须有精良的战备；稳固国家的基础，必须有充沛的财政与健全的经济。然而战备强的国家，如果没有高度文化的政治哲学，往往会使得一个国家民族，生起唯我独尊的侵略野心。同样，一个经济发展到实力充沛的国家，如果没有远大的经济哲学的思想，往往会踌躇满志，恃富而骄，而欺凌弱小。而且人类有天性的弱点，当他在强有力的时候，必定想要耀武扬威，控驭一切。如果在富有的阶段，必定会恃富而骄，凭陵孤寡。

虽然我对于近代与现代，西方或东方的经济思想，没有很深切的研究，但从哲学的观点来看，任何一种来自西方文化的经济思想，严格地说来，都只适用于某一个国家或某一类型的社会，并没有一种为谋求增进全世界人类的福祉，能够平等而统一地适应各地区的经济思想。假定是有，也会因某一种政治思想与政治方略而变质。

因此，我们要放开胸襟，放长眼光来看。目前我们所面临的局势，是东西方人文文化将要同临崩溃，新的世界人类文化尚茫然无据，危机隐伏的时代。

我们不仅需要为复兴东方固有文化而努力，我们更应该为人类文化开创新的局面，肩负起拯救世界人类危机的责任。

要发扬东方人文文化与固有的人生哲学，来补救因自然科学促进物质文明的发展，所造成的工商业社会之弊病。而且我还要郑重地希望，必须认清一个重要的关键，对于过去历史文化上的光荣，不能留恋，过去的历史是无法挽回的，留恋往事，只是文学的情绪。

至于时代的演进，是无法倒流的，悲伤时事，那是无补时艰的诗人情感。历史的排版，各有千秋的一页，时代的演进，是当前的大势所趋。我们要放开胸襟与眼光，如何振兴东方文化，来补救西方文化在世界时势中的不足，这才是我们的责任，也是对国家前途有利的大目标。

中国文化，素来秉承儒家的"民吾同胞，物吾与也"的精神，与佛家"众生平等""心、佛、众生，三无差别"的明训，所以对于东方人或西方人，都认为"人同此心，心同此理"。

我个人以山野之身，积十多年从事教育，以及教导西方各国友人学习中国文化的经验来说，深切体会到"诚以待人，无物上格"的古训。许多朋友认为我有许多外国学生，应该会有很多的收入。事实上，我为弘扬中国文化，为沟通东西文化而努力的工作，是做的蚀本生意。当西方学者要向我学习的时候，每每问到我要多少钟点费的问题，这时我便告诉他们，我只要求依礼来学，并不讲求代价。西方人从商业的观念，重视学问的代价与价值，所以把学问与知识，也变成商品。

东方人素来认为道是天下之公道，只要执礼而来，中国文化便以学问知识作为应该交出的布施，并无代价，更不要求回报。因此，从我学习或交游的西方人中，大多数都与我变成家人父兄的感情，渐渐进入东方文化的人生境界。他们有别我而去的，仍然保持充沛的感情，一如东方人的"礼尚往来"。

我最近看到外国人写的文章，说西方文化很快就要被东方文化吞掉了，由两个东西开始：一个是饮食，中国、印度的馆子遍及全世界，全世界的人都晓得吃中国菜、印度菜；另一个是修定，中国的禅定和印度的瑜伽，吞没了西方文化。这篇文章讲得很实际，这个趋势确实如此。我几十年前在美国的时候也讲过，我说三十年前全世界的人如果不懂英文就到处碰壁、吃不开，但是三十年后，要是不懂中国文化、不懂中文，换你们吃不开。

我们这一百年来的文化是输入的，都是从外国搬进来的，用得对不对，不知道。几十年前我就说过了，从我开始，中国文化要输出，向外传出去。有些外国的著名学者，都来这边找我，这是文化的出口耶！过去我们中国人崇洋媚外，对外国文化崇拜得不得了；你们现在也一样，也都想要孩子们出国念书。可是你看这一批外国有名的老科学家、学者却来找我，实际上他们是来找我们的中国文化，想带回去融入西方，挽救人类社会。

我现在提出这些极其微末的资料，只是为了提供我们今天要复兴东方文化的精神之工作，应当如何做法的一个参考。我们需要放开胸襟，放长眼光，了解今天的局面，不只是为复兴东方文化而工作，实在要为拯救世界人类在文化思想上的危机而努力。

（选自《中国文化泛言》《廿一世纪初的前言后语》）

当今世界的经济危机

　　美国卡特时代的财政部要员，曾专门来请我吃饭。这位财政部要员问我："你看了美国有什么观感？"我说："刚来两三个月，会有什么观感？"他说："你一定有，我们国家很欢迎你这样的人，最好你长住在这里。"

　　我说："对不起，我不会长住，因为我是中国人。"他逼着我问，我说："你一定要问我啊？我这个人是中国的老百姓，乡巴佬出身，不懂的。我三个月来对你们美国的观感有三句话。"

　　"第一，你们是世界上最富裕的国家。"嗯！他很认同。

　　"第二，是最贫穷的社会。"他正在吃饭，把筷子就放下来："嗯！有道理。""因为我看到那些家庭用的汽车、家具、电视机、洗衣机、冰箱等，都是分期付款的，用不到几年就旧了，新的发明出来又要换新的了，一辈子都在分期付款中，包括住的房屋。所以我说你们整个的社会是贫穷的社会。"他说非常有道理，饭都不吃了，就看着我。

"第三，你们是世界上负债最大的国家,你们根本是空的,都是欠人家的，欠全世界的，骗全世界来的，可是全世界的国家对你们没有办法，因为你们有原子弹，所以人家不敢向你们讨账。如果我们中国只有鸭蛋，欠了债，人家就会来要账了。就是这三个观点，其他我不懂。"他说："完全准确。"

我说："真的啊？总算给我蒙对了！"但是这个话是我二十多年前讲的，今天的美国还是这样。

我常常告诉同学们，注意哦！现在开放，要防备经济上新的八国联军到来。看起来是无所谓，但这个经济、贸易、金融的市场很严重。昨天我还接到一个外国朋友的电话，他说："今天美国开了一个金融方面的会议，请摩根士丹利最高的一个经济分析师讲话。"我就问他："这个人是中国人还是外国人？"他说是外国人，而且可能是美籍犹太人。会议上大家都认为，今天美国经济的衰落，一定要找出一个罪魁祸首。这个罪魁祸首是谁呢？是中国。中国的东西倾销到美国太多了，造成了美国经济的衰落。然后请这个分析师讲话。他说："你们搞错了，美国今天经济的衰落，罪魁祸首不是中国，是美国自己。中国货现在是来得很多，但中国货便宜，假使不是中国货来，那用别的国家的货会贵多了。而且中国人在美国赚了美元以后，还是到美国来买国家债券。我们的国家债券只是一张纸啊，中国人赚的钱还不是又回到我们这里来了！"

这位朋友又说："老师！你晓得最后的结果怎么样？最后那些美国人统统站起来，把他轰走了。"

我说："那是必然的结果。"这是第一个问题，经济的侵略。

第二个问题，现在是文化战争，也就是思想战争的阶段。思想文化上现在流行的是什么？就是大家迷信科学。当然，我不是学科学的，不应该讲这个话。大家嘴里都讲科学，口口声声讲科学，我一听就头大了。等于几十年前，原子弹发明了，在台湾、香港街头看到原子理发店、原子冰激凌。我说不能吃哦，吃了要爆炸的。也不懂什么是原子，就随便讲原子理发店、原子冰激凌。

现在科学到了必须跟哲学碰头的时候了，这是全人类文化的趋势，我现在提出来告诉大家。科学原来与哲学分开了，但是科学最后的结论靠哲学。

（选自《廿一世纪初的前言后语》《南怀瑾讲演录：2004—2006》）

当今世界的文化危机

现在的东西方文化特点，都在讲经济发展。这个里头，从十六世纪以后，东西方文化有两个重大不同。中国文化思想认为，解决贫富差距，安定社会，要用好的文化政治来解决经济问题。西方文化，从亚当·斯密的《国富论》，一直到马克思的《资本论》，到凯恩斯的消费刺激生产，都是认为要用经济来解决政治、文化问题。这两个不是矛盾哦，是两个方法。

现在东西方文化的结合，造成今天全世界的人类（不止中国人），只向钱看。而且都在凯恩斯的思想之下，消费刺激生产。如果要消费刺激生产，最好是天天打仗，打仗是最大的消费。

所以现在人类看不清，没有一个新的思想能综合了这一切，领导这个世界。照这样发展下去，是很严重的。我在美国的时候，哈佛大学一位社会学教授来问我，我也讲过这个问题。所以人类现在是在迷糊之中。我常对人讲，现在全世界的人类文明思想是四个东西在转，所谓达尔文的进化论、弗洛伊德的性心理学、马克思的资本论、凯恩斯的消费刺激生产。除此之外，产生不出来一个新的思想。

当全世界都沉醉在这个里头的时候，清醒的人没有办法讲话。所以我也不讲，他们问我一概不讲，没有办法，形势就像那个水流一样，挽不回。又如龙卷风来的时候，你拿个手来挡，那开玩笑，连自己的骨灰都被吹走了。要等龙卷风过了以后，慢慢来，只好如此。

文化学术，关系世界人类的命运，国家社会的兴衰，至深且巨。在历史上，无论东方或西方，任何一个国家社会的演变，以及战争的原因，常被视为是政治、经济的动乱。其实，这个动乱的根本，还是在于文化学术。

自十五世纪以来，欧洲文艺复兴运动，促成了科学的发展，为西方社会带来了物质的文明。接着而有工业革命，使西方的文化、学术、思想迈入了一个新的里程。直到十九世纪，东方国家如中国、日本，开始接触西方文化。由于震惊声光电化之奇，船坚炮利之威，而动摇了对固有文化的信念，于是急起直追，由盲目学习西方的科学，遂有全盘西化的趋势。

正在东方国家犹忙于急起直追的当时，西方社会却因物质文明的发展，孵育成唯物思想的暗流，侵蚀了人心，腐化了社会。就拿代表现代西方文化的美国来说，如宗教信仰的贬值，人文哲学的衰落，教育思想的舍本逐末，与国际领导的举措不定，在在都使得智者虑，仁者忧。至于青年人的不满现实，陷于彷徨和盲动，老年人的无家可归，流于绝望之境，这些都给予科学文明以严重的讽刺。这不仅是西方推崇物质文明的自食苦果，而且也波及了东方各国，使人类数千年来所祈求的世界和平与幸福，濒于幻灭。

照理说，东方国家谈不上物质文明，应该不至于陷入这块泥沼。其实不然，一方面固然由于生存在现实的世界，弱肉强食，没有经济实力的国家，只有任人摆布；一方面也由于贪图物质上的享受，抛弃自家宝藏，迷途忘返，其可哀可虑，更有甚于西方国家。

今日的世界，由于西方文化的贡献，促进了物质文明的发达，如交通的便利、建筑的富丽、生活的舒适。这在表面上来看，可以说是历史上最幸福的时代。但是人们为了生存的竞争而忙碌，为了战争的毁灭而惶恐，为了欲海的难填而烦恼，这在精神上来看，也可说是历史上最痛苦的时代。在这物质文明发达和精神生活贫乏的尖锐对比下，人类正面临着一个新的危机。这种危机正同患了癌症一样，外部显得很健康，而内部却溃烂不堪。

今天我们过分迷信科学的万能，以为自己可以超迈古人，而任意推翻传统，杜塞了几千年来无数圣哲替我们开发出来的教化源泉。生在"前不见古人，后不见来者"的今天，我们将何以自处？我们虽失望，但不能绝望，因为要靠我们这一代，才能使古人长存，使来者继起。为了想挑起这承先启后的大梁，我们一方面要复兴东西方固有文化的精华，互相截长补短，作为今天的精神食粮；一方面更应谋东西方文化的交流与融会，以期消弭迫在眉睫的人类文化大劫。

讲到二十世纪的历史与文化，和现代人的思想与心理问题，无论东方和西方的任何国家、任何地区，在第二次世界大战以后，或多或少，总要受到美国的影响。尤其是东方的中国和日本，关系更大，更为密切。

全世界所有的国度里，除了少数真正的落后民族，以及某些因为地理环境，还在将变未变的国家，目前正坐享其成地接受现代物质文明，而仍能固守传统，苟安待变。欧洲的国家，如英、法、德等国，虽然抱着传统的自尊，始终存有看不起美国的心理，但在历史演变的时代趋势中，也仍然脱离不了美国风气的回旋波荡。至于东方的中国，在最近的三十余年中，确有美人闹乱朝市，形成"亲者痛而仇者快"以及"恩里生害"的情况。

我们急需认识和反省的是：造成世界局势至于现在的局面，除了美国立国经验太过幼稚以外，同时也是我们自己处在新旧文化夹缝潮流的趋势中必有的矛盾。现在，我们要想在极度的艰难困苦中，力求自强而复兴，就必须先对此历史时代的前因后果，加以寻思探讨，才能"温故知新"，才知如何自立而立人。

美国文化不是人文文化的指标。应当知道，自己没有特立独行的文化思想，而盲目倾心爱美，于国于家，后果均不堪设想。如果从科学的发达、物质文明的进步、工商业的发展去认识美国，而立志要向今天美国的这一面学习，这是百分之百的正确思想。至于从整个的人文文化而言，仅有立国二百年历史文化的国家，就拿它代表了西方文化，认为它盖过一切，那是莫大的错误。国者，人之积；人者，心之器。累积全国人心上下数千年经验和思想，方能构成一个文化的大系。今天的美国，仅是西方文化零落中的一颗经天彗星，它是科学文明的实验场，并非就是整个人文文化的指标。

鉴于此，美国有许多先见之士，都认为今后世界局势，能补救西方文化在科学文明发展上的缺点，并作为西方宗教、哲学振衰起弊之良药的，只有东方文化的复兴。

东方文化的结晶是儒、道、佛三家的思想。近年来，西方人研究东方思想，常归于禅学；最近，追索东方的科学精神，又趋向于儒、道两家同源的《易经》。事实上，佛家明心见性的智慧，道家全生保真的修养，与儒家立己立人、敦品励行，以及世界大同的理想，如能与西方文化交流融会，必能补救科学思想的不足，拯救物质文明的所失。

（选自《南怀瑾与彼得·圣吉》《中国文化泛言》
《新旧教育的变与惑》）

图书在版编目（CIP）数据

中国有文化 / 南怀瑾讲述 . -- 北京：北京联合出
版公司，2022.8（2023.4 重印）
ISBN 978-7-5596-6326-9

Ⅰ . ①中… Ⅱ . ①南… Ⅲ . ①中华文化－通俗读物
Ⅳ . ① K203-49

中国版本图书馆 CIP 数据核字 (2022) 第 116847 号

中国有文化

作　　者：南怀瑾
出 品 人：赵红仕
责任编辑：周　杨

北京联合出版公司出版
（北京市西城区德外大街 83 号楼 9 层　100088）
河北鹏润印刷有限公司印刷　新华书店经销
字数 164 千字　880 毫米 ×1230 毫米　1/32　9.375 印张
2022 年 8 月第 1 版　2023 年 4 月第 6 次印刷
ISBN 978-7-5596-6326-9
定价：59.00 元